ギャルマインド最強論

卑屈になるのは死んでからでよくない？

あおちゃんぺ著

大和書房

はじめに

「ギャル」というと、なんとなく「ああいう人たちのことだよね……」って見た目のイメージで言われがちなんですが、私は、むしろ「ギャル」は見た目ではなく「マインド」だと思っています。

ギャルファッションをしているからギャルなのではなくて、自分のやりたいことや自分がいいと思っていることを貫《つらぬ》くマインドを持ち合わせているのが「ギャル」。

そういう意味で「ギャル」のメンタルは、人生を渡り歩く武器になると思っています。

ちなみに、私が思う「ギャルマインド」は、

他人の雑音に振り回されず、
自分を貫ける。

常に
ポジティブさを
持ち合わせている。
嫌なことがあっても、
翌日にはケロッとしている。
世間と意見が違っても、
空気に流されない。

この4つのマインドで、大概《たいがい》のことは乗り切れます（笑）。

「他人の雑音に振り回されず、自分を貫ける」というのは、自分が考え抜いた末にそう思ったことや、やりたいと思ったことは、どんなに周囲の人たちに「その考え、おかしいよ」とか「そんなことするの、やめておきなよ」とか言われても、安易に惑《まど》わされないということ。

もちろん、相手を思っての真摯《しんし》なアドバイスや、自分が尊敬している人の意見は素直に聞きますし、受け入れます。

でも、自分が考えて考えて「これが正解！」と思って発言したことに対して、「あなたの発言は不愉快《ふゆかい》です。撤回《てっかい》してください」「甘い考えですね。バカですか？」などと攻撃してきたり、茶々を入れたりする人にいちいち傷つく必要はないし、向き合う必要もない。

簡潔《かんけつ》に言うと、

外野は全員黙ってろ

ってことです（笑）。

「世間と意見が違っても、空気に流されない」というのも、私はギャルマインドだと思っています。

もっと言うと、

空気を読んだうえで、空気に流されない

ということ。

空気を読まずに我《が》を突き通すのは、ただの「空気が読めないイタい人」。

他者との、しかも大多数との関係性において、状況や雰囲気を読んで、「自分の発言や態度によってこの空気がどう変化するか」を察《さっ》する能力はものすごく必要だと思います。

でも、同調するばかりが正解ではありません。あえて場の空気に逆らうことで、問題提起《ていき》ができることもある。世間になじめないからこそ、世の常識からはちょっと外れた新しい意見が言えたり、アイデアが浮かんだりすることもある。

それをブラさずに、場の空気に呑《の》まれずに、言動で示せるのも、自分を貫くということにつながるのかもしれません。

「嫌なことがあっても、翌日にはケロッとしている」、これは、私はものすごく得意です（笑）。

不快な感情を翌日には持ち越さない。というか、外野に何を言われても、何も喰《く》らわない。

自分に攻撃をしてくる人がいても、「あなたはそういう考えなんだね。私は違うけど」って思うだけ。

だから、相手に何をされても、どんなに負の感情をぶつけられても、

ふーーん、で？


って感じなんです。

もちろん、嫌なことをされて「あれはどういうことだったんだろう？」と思うことはあります。でも、考えてみて、「きっとこういうことだったんだな」って納得でき

たらそれで終了。明日には持ち越しません。

最後の「常にポジティブさを持ち合わせている」は、もう言葉そのまんま（笑）。

いろいろ考えたうえで、やってみて、それでもダメなことは当然ある。

そんな時にいちいち落ち込んだりしないで、

まあ、いっか！

と思えるのがギャルマインド。

失敗だってするよね、怒られることだってあるよね、そういうことだってあるよねって、笑えていたら人生は楽しい。

どんなに過酷《かこく》な人生でも、つらいことの多い道のりでも、卑屈《ひくつ》になることなく、ネガティブになることなく、みんなが「生きるって楽しい」と思ってもらえたら……と願って本書を書きました。少しでも参考にしてもらえたらうれしいです。

あおちゃんぺ

目次

36

夢を口にしたら
バカにして笑う大人たちを見て、
私は人生をベットして
本気でやりたいことを見つけた。

40

ギャルになったことで
人生にお化粧したなって思うから、
そういう意味で、ギャルは私にとって
「人生のつけま」。

42

ギャルが偏見に晒される原因は身内の行動にあるので、
差別や偏見をなくしたいなら、
身内の行動を正すほうが先。
被害者ムーブしても何も変えられない。

46

お尻が大きいのがコンプレックスだったけど、

「中途半端だからコンプレックスなんだ！　磨けば武器だ！」

と思って筋トレ始めた。

50

「死ね死ね」言われてても、
「あ、買い物行かなきゃ」ってチャリンコ乗って、
スーパー行って、肉5キロとか買ってると、
1秒前に「死ね」って言われたこととかすっかり忘れてる。

第2章

他人にどう思われたって死なない

第３章

誰だってみんな強くて弱い

第4章

自分本位に生きることはわがままなんかじゃない

176

どんな選択でも自分で決めたなら正解！
外野が口を挟んでくるけど、
誰も人生の責任をとってくれないんだから、
自分で決めていいに決まってる!!

178

特定の思想や立場もとらないから、
否定もするし肯定もする。

182

誰かが夢中になっている未知の領域に
「熱狂」のヒントがある。

186

「空気を読む力」があるから
「空気を壊せる」。

190

簡単になじまない、
多数派に迎合しないからこそ、
魅力があるんだよ。

192

会いたいと思われる人になりたいから、
会えない人になる。

大

第１章

人生は親ガチャで終わらない

小学2年生のある日、
大好きなお母さんが
家を出ていった。
離婚によって私たちから母を奪《うば》い、
自分は幸せになろうと
している父に覚えたのは
違和感だった。

私が小学2年生の時、両親が離婚をし、母が私と兄を置いて、家を出ていきました。今振り返ると、その時が人生でいちばんつらかった時期。

母が家を出ていってから、ごはんも喉《のど》を通らなくなり、寂しくて寂しくて、ずっと「お母さん、帰ってこないかな」と泣いていました。

小学校で七夕《たなばた》の行事があった時、短冊《たんざく》に「お母さんが帰ってきますように」って書いたことは、今でもはっきり覚えています。

母が家を出ていったのと入れ違いに、それまで一緒に住んでいなかった父が帰ってきました。父はすぐに別の女性と付き合い始めたので、父はその女性に夢中……。一緒にいても、他人と暮らしているような感覚だったんです。

兄とは幼い頃からすごく仲良しで、悩みも、寂しさも、楽しさも、すべて共有してきたのですが、母は家を出てしまっていないし、父も働きに出ていて帰ってくるのはいつも遅かったので、自分の気持ちを受け止めてくれる大人がいない環境で育ってきました。

実はずっと後になって、母と再会できるチャンスが訪れたんです。

とあるテレビ番組で、「長い間、大切な人に会えていない人を再会させる」という趣旨《しゅし》の企画があり、出演者を探しているとのこと。私の環境を知っていた当時のマネージャーが「それ、あおちゃんぺじゃん！」と、私を推薦《すいせん》してくれたのです。

取材陣が母方の実家に行き、実の娘が母に会いたがっていることを伝えてくれたのですが、すでに母には新しい家族がいたこと、田舎にテレビスタッフが来て大ごとになることを避けたかったことなどが理由となり、企画は流れてしまいました。

しかし、祖母から「実の娘が（自分に）会いたがっている」と聞いた母が、こっそり連絡をくれました。

それまで一度も会うことはなかったのに、13年ぶりの母との再会。

なぜ私たちを置いて出ていったのか。

なぜ実の子を置いていけたのか。

これまで私たちを心配したことはあったのか。

会いたいと思ってくれたことはあったのか。

押し寄せる複雑な感情に押しつぶされそうになりながら、新幹線に乗って待ち合わせの駅に向かいました。

道中の記憶は、あまりありません。

ホームに新幹線が着いて、ドアが開いた瞬間。

母はそこにいて、少し気まずいような表情で泣いていました。

そんな母を見て、「老《ふ》けたな」って思いながら、私も大泣きしました。

母は母でつらかったことがこの一瞬でわかりました。

許すとか許さないとか、そんな単純な感情ではないけれど、今では、これまでの時間を取り戻すかのように、母とは新しい関係性を築いています。

親が貧乏だからって、
親に問題ありだからって、
未来が明るくないわけがない。

「親ガチャ」という言葉がありますが、本来は「ガチャ」を回したのは親なので、正確に言えば「子ガチャ」なんだと思うんです。でも、親が新たな命を生み出した時に、子を育てるには不相応《ふそうおう》な人間性だったという場合に、子から見たらそれは「親ガチャ」なんでしょう。

みんなが平等な立ち位置から人生がスタートしているって思っている人が多いのですが、親の人間性だけじゃなく、経済力や住んでいる環境、両親がそろっているかどうかなど、ひとりひとり違うので、生まれた時に全員同じスタートラインに立っているわけがありません。

どこの家に生まれてくるか自体が「運まかせ」で「ガチャガチャを回すようなもの」と言っているのでしょうが、自分の人生の不平不満を「親ガチャだから」と言い訳にしていたら、もう生まれた時点で人生が決まっちゃっているってことになってしまう。

でも、私は、実はそんなことはなくて、「スタートラインが前か後ろかというだけ」だと思っているんです。自分がちょっと後ろにいるなって思ったら、前にいる人に追いつくように2倍速く歩けばいいいってだけの話。

頑張り度合いは人とは違うけど、スタートラインによって人生のすべてが決まるわけじゃない。

世間から見たら、きっと私だって「親ガチャ」に失敗したひとりなんでしょう。うちも貧乏だったから、行きたかった専門学校を諦《あきら》め、高校卒業後、月24日間出勤、手取り14万円の仕事を2年続けました。

私のやりたいことを応援してくれる親だったら、私は若いうちからもっと夢に向かって何かができていて、今よりもっと上の場所にいたのかな、って思うことだってあります。

でも、私にもっと勇気があって、もっと早いタイミングで家を飛び出していれば、今の自分とは違う結果になっていたんじゃないかな。そう考えれば、やっぱり親のせいではない。結局、言い訳にできるほど「親ガチャ」が強い要因ではなかったっていうのが事実なんです。

親のせいにしたら楽かもしれない。でも、ちゃんと論理立てて考えていくと、その選択をしたのは自分。結局、「自分」というところにたどり着いてしまうんです。

通報されて警察が来ても、
父が「しつけです」って丸め込んで、
警察は「お父さんの言うことを聞きなさい」って
帰っていった。
もう、この生活から
抜け出す術《すべ》はないって思ってた。

父は「教育」と称《しょう》して暴力をふるう人でした。ほかの女性に気持ちがありながら私たちと一緒に暮らし、ネグレクトというよりはむしろ過干渉《かかんしょう》。「家から出るな」と軟禁《なんきん》状態で、怒ると竹刀《しない》で殴《なぐ》られ、私の悲鳴で警察に通報されたことも何度もありました。

虐待《ぎゃくたい》は悪いことで、絶対あるべき姿ではないと心から思っています。渦中《かちゅう》にいた時はものすごくつらかったし、家庭内に「負」の影響が大きくありました。

ただ、これは私に限った場合ですが、そういった環境下にいたからこそ、逆境《ぎゃっきょう》を乗り越える対処力がついたのも確かでした。

けれど、それは、自分の人生を選択できるような大人になってから、そのように前向きに考えられるようになっただけで、暴力や虐待を肯定するつもりはまったくありません。絶対にあってはならないこと。

たまたま私がそう思えるタイプで、強く生きられる性格だっただけ。

あの時、近所の人はせっかく警察に通報してくれたのに、警察の理解が足りずに助けてもらえなかった。あの時は本当に絶望したし、もっと踏み込んでほしかった。

もしそういうお節介《せっかい》をしてくれる大人の姿があったなら、あの時、大人に絶望《ぜつぼう》せずに済んだんじゃないかなと、今になっては思います。

いじめの標的が回ってきても、
親に解決してもらう
っていう手は使えなかった。
頑張って父に言ったら、
「自分でなんとかしてこい！」ってさ。

小学4年生の頃、学校でいじめられるようになりました。

しかも、「バーカ」とか軽口を叩かれるようなかわいいいじめではなく、暴力的だったり、陰湿《いんしつ》なことをされたり……、結構激しめないじめ。

耐えられなくなって、父に勇気を出して言ってみたんです。

「今日、こんなことがあって、こんなふうにいじめられたんだ」って。

そしたら、父が放《はな》った言葉が、「なんでおまえはやられたまま帰ってきてるんだ？　やり返してこい！　やり返すまで帰ってくるな！」。


勇気を出して、頑張って父に打ち明けてみたのに、「自分でなんとかしろ」って言われました（笑）。でも、父にそう言われて、「たしかに！　なんで私は言い返すこともせずに帰ってきてしまったんだろう」「なんでこんな不当な扱いを受け入れてしまったんだろう」って思ったんです。頭おかしいですよね、私（笑）。


翌日。

聞こえるように悪口を言ったり、意地悪なことをしてくる子たちに向かって、「ふざけんな！」ってブチギレて帰りました。

空手を習っていたので、「本気を出せば、私は強いし、勝てる」。そう思ったら怖くはありませんでした。もちろん手は出してはいませんが、強い姿勢でいられたのは、そういう後ろ盾《だて》があったからかもしれません。以後、その子たちの態度が変わって、パタッといじめられなくなりました。

こういう経験もあり、自分で何かアクションを起こさないと、ずっと同じ状況のままなんだと身をもって知りました。逆に、何かアクションを起こすと、事態は変わるんだな、と。

たったひとつの行動だったけど、勇気を出してみたことで、「私は私の思ったことを言っていいんだ」って自分に自信が持てたし、いじめていた子たちは、それまではとても強く見えたけど、実はとても弱かったんだなということもわかりました。

夢を口にしたら
バカにして笑う大人たちを見て、
私は人生をベットして
本気でやりたいことを見つけた。

保育園の頃、お正月に親戚の家で見た「紅白歌合戦」。そこで初めて「モーニング娘。」を見て、釘付《くぎづ》けになりました。そして、その場で「私、これになりたい！」「芸能のお仕事がしたい」って言ったんです。

そんな私を見て、みんなは「なれるわけないじゃん」って笑いました。

その時に、「夢を口に出すのは恥ずかしいことなんだ」と知りました。

周囲の人たちはバカにしましたが、私はこの時、本気で夢を見つけました。

でも、夢を口にしたら笑う人がいる。だから、私は、保育園の卒園アルバムの「しょうらいのゆめ」を書く欄には「ケーキやさんになりたい」と、心にもないことを書いていました。

高校3年生になって進路を決める時、改めて「芸能を仕事にしたい」と口にしました。

そっちの道の専門学校に入りたくて、見学にも行きました。

ですが、うちにはその学費を払えるお金がなく、泣く泣く断念……。

アパレルも、接客も好きだったこともあり、高校卒業後は渋谷の「109」で働いたり、原宿の竹下通りのアパレルショップで働いたり。

ですが、幼い頃からの夢も忘れてはいません。

ギャルが500人くらい所属する事務所に入り、くる案件は選《え》り好《この》みせずに片っ端から引き受ける日々。

仕事は、「ギャルの子たちを3人お願いします」というような感じでくるのですが、みんなが行きたがらないような仕事も「行かせてください!」とお願いをして、行かせてもらったり。

心がけていたことはひとつ。

「真面目《まじめ》にやること」。

「ギャル」たちは、程度の差こそあれルーズな人が多く、約束の現場に来ない人も多々……。だから、私が時間をきっちり守るだけで「すごいね!」って言われるんです(笑)。

毎回毎回の現場で、どんなかたちでもいいから私の印象を残そうと、入った瞬間から立ち去るまできっちり、真面目に、明るく接することを心がけました。

そうしていると、「この仕事は、あおちゃんぺさんにお願いしたい」と名指しでお願いされるようになったり、大きな案件がくると、事務所の人が「あおちゃんぺなら、飛んだりしないっていう信頼があるから、よろしく!」とコンスタントに仕事が入ってくるようになったり。

逆に言うと、私は「真面目に頑張る」以外の取り柄《え》がほかにありません。

でも、ひたすら「真面目に頑張る」ことを続けていたら、幼い頃から抱いていた夢に一歩ずつ一歩ずつ近づくことができたんです。

ギャルになったことで
人生にお化粧したなって思うから、
そういう意味で、
ギャルは私にとって
「人生のつけま」。

私がギャルに興味を持ち始めたのは、中学生の頃。母は一緒に住んでいた頃はすごく派手《はで》な服を着ていたし、祖母もネイルをしたり、まつエクもしておしゃれだったので、そういった影響もあってか、私も派手なものに目がいくようになっていました。だから、「ギャルになろう！」と思ってなったわけじゃなく、自分がかわいいなと思う格好をしていったら、ギャル寄りになっていったという感じ。

夢は「モー娘。」だったから、新たにアイドルユニットが立ち上がるという話を聞いて、これはチャンスと思って即応募しました。

ミーティングや撮影、イベントをする〝ギャルサー〟のようなグループ。

無事に合格はしたものの、入ってみたらいろいろとありました。

入った当時はいちばん年下だったので、事務所で椅子《いす》に座っているだけで「おまえ、後輩なんだから椅子になんか座ってるんじゃねえ。床に座れ」って言われたり、ストーカーのようなファンにつきまとわれたことに悩んでいたら、「おまえみたいなのにもファンがいるんだね……」と嫌味を言われたり。でも、私は「自分が有名にさえなれば何も言われなくなる」と信じていたので、周囲がどんどん脱落していくなか、私だけは辞《や》めずに頑張ろうと、むしろモチベーションにしていました。

ギャルが偏見《へんけん》に晒《さら》される原因は
身内の行動にあるので、
差別や偏見をなくしたいなら、
身内の行動を正すほうが先。
被害者ムーブしても何も変えられない。

世間の「ギャル」のイメージはさまざまで、良いイメージを持っている人もいれば、「怖い」「常識がない」「うるさい」などという悪いイメージを持っている人もいます。

でも、私は「ギャル」を愛しすぎていたので、自分がちゃんとした振る舞いをすれば、世間のギャルへのイメージも変わるかなと思っていました。それに、全国的に見ると、ギャルの子ってすごく少なくて、ギャルの友だちを探すのってすごく大変。だから、〝潜《もぐ》り〟でやっている〝野良《のら》〟のギャルの子たちがもっと表に出てこられるように、環境を整えたいな、って。

だから、礼儀や常識ある行動にはものすごく気をつけていたんです。もちろんほかにもしっかりしている子はいて、ちょっとした〝学校〟のような感じで、互いに学び合うような環境になっていったのかもしれません。

とはいえ、世間の「ギャル」に対する負のレッテルに対しては、私は仕方がないとも思っています。そういった偏見の出どころって、絶対にその内側にあると思っているから。

たとえば、人目も気にせず地べたに座ってしゃべっているギャルを目撃した人がいたら、「ギャルって常識ないよね」ってなるのは当然。それは私たちの身内が招いたことなので、その気持ちを抱かせてしまった原因がこちら側にあるって私は思うんです。

だからこそ、団結して、ギャルの中で常識や礼儀のある人たちの母数を増やすことにシフトし、イメージを変えていくしかないと思って、できることをひとつひとつやっていました。

だからって、私は、偏見を持たれる原因をつくった人に「そうやって偏見持たれているの、おまえのせいじゃん」なんて全然思わないんです。

「偏見持たれる側に原因がある」と思うのは、あくまで、自分たちにその偏見の目が向けられた時であって、他人を指さすことではないなと思っています。

お尻が大きいのが
コンプレックスだったけど、
「中途半端《ちゅうとはんぱ》だからコンプレックスなんだ！
磨《みが》けば武器だ！」
と思って筋トレ始めた。

私は今、自分にコンプレックスはないのですが、昔は下半身がたくましいことがずっとコンプレックスでした。骨格がウェーブタイプなので、下半身が太りやすいのです。

そういう体形を隠したいとずっと思っていたのですが、原宿のアパレルショップで働いていた時、多種多様な文化や価値観を持つさまざまな国の人がたくさんいて、そういう方々に、

「外国人みたいな体形でセクシーだね」

「すごくいいじゃん。鍛《きた》えたらもっと魅力的《みりょく》になるよ」

って褒《ほ》めてもらえたんです。

これまでずっと悩んでいたのに、「下半身を育てて人より秀《ひい》でたら、武器になるんじゃない？」と思えて、一気にコンプレックスじゃなくなりました（笑）。

これって、どんなコンプレックスを持っている人にも当てはまると思うんです。

世の中ってめちゃくちゃいろんな属性《ぞくせい》があって、背が高い人もいれば低い人もいる、痩《や》せている人もいれば豊かな人もいる。どの属性の人も、ある一定層にものすごく需《じゅ》

要《よう》があると思うんです。

だから、自分ではコンプレックスって思っていることでも、その属性のファンからすれば称賛《しょうさん》に値《あたい》することだったりもして。

そこを称賛してくれる層に認められたら、コンプレックスはコンプレックスじゃなくなるんだなって。「褒め言葉」をもらえたり、「仕事」につながったりしたら、それはもう自分の魅力になるし、自信に変わる。

どんなコンプレックスも、この世界にいたら需要がゼロなことは絶対にない。

私はそういうメンタリティになれたので、今は自分にひとつもコンプレックスはないんです。

「死ね死ね」言われてても、
「あ、買い物行かなきゃ」ってチャリンコ乗って、
スーパー行って、肉5キロとか買ってると、
1秒前に「死ね」って
言われたこととかすっかり忘れてる。

コンプレックスの克服《こくふく》だけでなく、メンタル面も昔と大きく変わりました。

今の私を見ている人は信じられないかもしれませんが、10代の頃はメンタルが弱く、人の目を気にしてクヨクヨすることもありました。

「地獄《じごく》を見て生きてきた」ことでだんだんメンタルが鍛えられてきたことも大きかったと思うのですが、なによりいちばんのきっかけになったのは「上京したこと」なんだと思います。

地元の山梨とは比べものにならないほどたくさんの人がいて、たくさんの友だちができて、新しい世界が一気に広がり、自分の悩みが急に小さく感じられました。


人口が少なければ少ないほど狭い世界で、人からどう見られているかを気にすると思うんです。その世界での立場を失ったら終わるから。

会話も地元の知り合いの話ばかりだから、余計に周囲からどう思われているかに重きが置かれてしまう。この人たちに嫌われたらどうしよう、小学校のこの教室で嫌われたらひとりぼっち……という感覚が、自分の中の世界すべてで起きているんだっていう思考に陥《おちい》ってしまう。

でも、東京って、別に何千人の人から嫌われてもシャーシャーと生きていける。コミュニティが多いから、自分を嫌う人もいるけど、好いてくれる人もいる。広い世界にいるほうが、人に嫌われるということの害の小ささに気づいたんです。

原宿のアパレルで働いていた時は、そのエリアにフレンドリーな人がとても多かったので、毎日友だちが増えていくんです。物理的に関わる人数が増えるにつれ、「嫌われて人生終わる人なんていないな」って思えていきました。

だから、「みんな、マジで外に出て」って思うんです。自分のいる場所から県をまたいで飛び出すほど大きなことはしなくていいから、みんな外出しよ、って。外に出て日光を浴びるだけでも、気持ちや考え方がちょっと変わるから。

宝くじ

第2章

他人にどう思われたって死なない

スーパーポジティブな
捉え方をすれば、
人間関係で
悩むことなんてない。

小さい頃は、周囲の目を気にしたり、顔色をうかがったり、誰からも何も言われないように気をつけていました。

今、振り返ってみると、その頃は人間関係の悩みがあふれていました。

でも、徐々に「自分」という存在に自信が持てるようになると、「別に嫌われてもいいや」「人から何を言われてもいいや」って思えるようになって、そうなってからは人間関係の悩みはまったくありません。

周囲とのかかわりをネガティブに捉えるのではなくポジティブに捉えるだけで、すべてが前向きになっていく。

相手が自分から離れていったとしても、「人間関係というのは、不要になったら出ていき、必要になったら入ってくるもの」と捉えているので、そういう時期が来たんだなって思うだけ。

私は、人間関係にはキャパがあって、友だちとの縁がなくなってひとり離れていったとしても、空いたそのスペースに新しい人がひとり入ってくるって思っているんです。

キャパオーバーしてしまうと、中には疎遠《そえん》になる人も出てくるし、関係性がうまくつくれなくなったり、言葉足らずなことで思い違いが出てきてしまったり……。

人によってそれぞれキャパの大きさは異なると思うのですが、大切に付き合おうと思えば思うほど、人間関係には限界がある。

私は、この人には理解してもらいたい、この関係を大切にしたいって思う人とすれ違いが生じてしまったら、一度ちゃんと話し合って理解してもらおうと努力をする。でも、それでも難しかったら、「私の一方通行で終わったな」って諦める。それが人と人との縁だと思うから。

そうやって人間関係を続けていたら、人間関係の悩みはなくなっていました。

自分でコントロールできない相手のことで、
感情を振り回されるのは無意味。

相手の感情を気にし、それに一喜一憂《いっきいちゆう》して関係を築くより、相手の反応がどうあれそれを楽しめるメンタルになると、人間関係は一気に楽になるように思います。

予想外の反応が返ってきたりすると面白い。「私のどの言葉に相手は怒りを感じたんだろう」とか「私の話の、どこをどう取り違えてこんなことを言うんだろう」とか。

以前、結構年上の女性に「今はやりたいことや夢もあるし、これからも仕事を頑張りたい」って話をしたら、その方に「でも、出産や育児は今までどの女性もやってきたことだからね」って言われました。

その時に、一瞬嫌な気持ちにもなったのですが、この人はどういう意図《いと》で私にそれを言っているのかなというのはよくよく考えました。相手を傷つけることが目的でないということは明白《めいはく》。じゃあ、なんで？　って。

ポジティブな「なんで？」という疑問を持って考えると、相手の発言の裏には、その人の環境で培《つちか》った価値観や考え方があるということがわかるし、冷静になれる。

私とは考え方が違うけど、だからって、私の考えを押しつけるのも違うし、「私とは違うけど、あなたはそういう考えなんですね」って冷静に受け止められる。

そうすると、相手の言動でいちいち感情を振り回されることはなくなるんです。

そりゃみんな
仲良くできたらいいけど、
それって現実問題絶対に無理。
世の中に絶対なんてものは
なかなかないけど、
「全員仲良く」なんて
きれいごとは神話レベル。

よく「自分を変えたい」って言う人がいるんですが、人のために自分を変える必要ってまったくないなって思うんです。人に「太っているから痩せたほうがいいんじゃない？」って言われても余計なお世話。本心で「変わりたい」と思っているのならいいと思うのですが、そうじゃないなら変える必要はない。それを美点だと思ってくれるコミュニティにいればいいし、それを欠点と捉える人たちとは関係を断ち切ればいいだけ。

「いじめ」も、「いじめられる側にも原因がある」「そういう部分は直したほうがいい」とか言われがちですが、「いじめっ子から見た欠点」は「他の人から見たら美点」かもしれないのに、それを勝手に「欠点」と決めつけて改善しなきゃいけないのは、かなりおかしな話だと思います。

「みんなと仲良くしましょう」って、私たちは小さな頃から習ってきましたが、みんなで無理やり仲良くしようとするから、「嫌いな子」ができてしまうと思います。

人はどうしたって、合う・合わないがあるんです。

「全員好きです」「全員と仲良くできます」なんて人がいたら、私は逆に合わない。私は、「みんなと仲良くしましょう」なんて絶対やめたほうがいいと思っています。

会話が通じない人を
「嫌う」ほど
たいして興味ないの。

嫌いな人とは付き合わなければいいと思っている半面、私は「心から嫌いな人」がいないんです。

私のXはわりと荒れがちで、激しいやりとりがあったりもするし、時に相手をブロックすることもあります。ですが、それは「嫌い」だからというわけではなくて、「言っている意味がわからない」っていう感じ。

私とは建設的な会話ができない、私とは理解し合えないということがわかったから、ブロックするだけ。

だから「嫌い」っていうほど強い感情ではないんです。だって私、昨日ブロックした人の名前も、何て言われたのかも、覚えていないんだから(笑)。

私自身、嫌われることもたくさんあるんですが、「嫌い」っていう感情はすごく強い感情だと思うんですよね。

「好き」っていう気持ちは時間と共に薄れていったりするのに、「嫌い」とか「憎しみ」とかそういう感情はトラウマ級に残ってしまう。

そんな強い感情を持つに値する相手って、出会おうと思ってもなかなか出会えないと思いませんか？

ゆくゆく自滅《じめつ》する人は、
自分で掘った落とし穴に勝手に落ちる。
だから、
私は基本的に自ら制裁《せいさい》を下さない。

テレビの情報番組でコメンテーターのお仕事をしていると、ほかのゲストの方に辛辣《しんらつ》なことを言われることもあるんです。こないだは、あるニュースに対して私見を言ったら、かぶせるように「アホか！」と言うオジサンがいました。

私は、その方に会った時から、そういう暴言を平気で吐ける方なんだろうなと直感でわかったので、即座に言い返したり、反応することはしませんでした。きっと、こういうタイプの人はゆくゆく自身の発言で自滅するだろうなと思ったからです。

私は、幼い頃から父親の顔色をうかがって生きてきたので、その場の空気感や、相手がどんな人なのか、何を思っているのか、どんな感情でいるのか、ものすごく感じ取りやすいのです。

なので、深く考えなくても、初対面の相手を自分なりにジャッジしている。家庭環境の中で、そういう力が鍛えられてきたんだと思います。

相手の顔色をうかがっていると、自分の意見が言えなくなる人もいると思います。

ですが、私の場合、父親の顔色をうかがいながらも、殴られるのがわかっていても反抗していたんです。こういう人に屈服《くっぷく》したということのほうが私には屈辱《くつじょく》だったので、言い返したら何が起こるのかわかっていながらも、自分の思うことは言うタイプの子どもでした。

幼い頃は、空気を読みながらも、あえて空気を読まずに父親には反抗をしていましたが、大人になると、相手の考えていること、次の言動が読めるようになり、瞬時に反発しなくても相手をこらしめる方法がわかるようになりました（笑）。

自分で言い返さなくても、それを見ていた周りが注意してくれることもあるし、そういう人であれば、いずれ別の場でも同じ言動をして失敗する可能性が高い。

相手がどんなタイプの人かわかれば、わざわざ自分の手でこらしめにいかなくても、いずれ自滅する。それがわかってから、瞬時に反応する必要はないって知ったんです。

私がバカでも
あなたになんの害もないのに、
その熱量どうしたの？
バカなの？

私は、相手の発言そのものや、意図を正しく理解せずに、自分の解釈《かいしゃく》を勝手に付け加えて相手の発言をわかったふうにしている人を「バカな人」だと位置づけています。良くも悪くも、言葉どおりに理解しないと会話が成立しないのに、自分の解釈を付け加えて勝手に「おまえ、今こう言っただろ！」「バカだろ！」と怒っている人を見ると、あーあ……って思います。脊髄《せきずい》反射で生きてるんだな、って（笑）。

耳に入ってきたキーワードだけをつまみ取って、自分の都合がいいように話を組み替えちゃっているんですよね。

人間関係の悩みを相談してきた人に、私が「まあ、でも、相手の気持ちもわかるなあ」って言ったら、「え？　じゃあ、私が悪いってこと？」って飛躍《ひやく》しちゃう人もいて、残念な人だなって思ってます。私は、「あっちにも共感できる部分があるから、これって難しい話だよね」っていうことをやや濁《にご》して言っただけなのに、それを間違った方向でめちゃくちゃ端的に理解してイラッとしちゃう人（笑）。

でも、そういう人たちを「面白い」って思えばこっちもイラつかなくなる。どうしたらこちらの意図が伝わるかなって考えて、言い方を考える。そうやって、特性を知っていくと「なんだかかわいいなー」って思えてくるんです。

性格が悪い人には、スーパーポジティブな対応でダメージを喰らわす。

意図的に怒らせてくる人もいます。それはもう「バカな人」ではなく、「性格が悪い人」。怒らせようと思ってわざと怒らせてくる人は本当に性格が悪い。

そういう人とは対等に話そうとか、真面目に取り合おうとすると疲れるんです。

だから、この人はこういうことを言わないと自我が保てない人なんだなって、下に見ています（笑）。

そういう人って、スーパーポジティブに返されるとイラッとするんですよね。怒らせようと思って言ったのに、怒らないだけじゃなくて、ポジティブに返してきやがった、って。全然ダメージ受けてないじゃん、って。

たとえば、「●●ちゃんてさー、いつも胸を強調するような服を着てるよね。男に好かれたいの？」って嫌味を言われたら、「そんなんじゃないんですけど」ってまともに返したら、「効いてる効いてる」って相手がニヤニヤしちゃうと思うんです。

だから、私の場合、スーパーポジティブな対応をします。この場合でいったら、「○○さんもこの服絶対に似合うと思うんですけど、おそろいにしちゃいます？」って（笑）。相手を傷つけようと思っているのに、こんなふうに返ってきたらムカつきますよね？

周囲から見たら「あおちゃんぺって、ああいう人の発言をまともに取り合わなくてえらいね」「あんな人に対してもやさしくできるんだ」って評価される一方、この人は私にブチギレていたりして（笑）。

怒らせようと思って、言い合いしようと思ってあえて仕掛けてきているのに、スーパーポジティブで返されたら、言い合いのしようがないんですよね。振り上げたこぶしの下ろしどころがない……っていう状況に陥る。

周囲からの見え方としては、こっちのポイントが上がって、あっちのポイントが激下がり。そういうことを繰り返していると、「あの人っていつも嫌なこと言ってるよね」って、周りが「ヤバいやつ」って勝手に気づいてくれる。

あえて自分が反撃しなくても、ヤバい人は勝手にこうやって落ちてってくれるから、自分の手で制裁を加える必要はないんです。

この人に嫌われたら
人生終わるなって相手いる？
今思い浮かんだ相手以外に
悪口言われても、嫌われても、
まったく気にする必要なんてない。
人生になんの影響もないので。

私は、「芸能」の仕事だけは無我夢中《むがむちゅう》でやってきたのですが、実は、アンチが湧《わ》くことに対して憧《あこが》れすら抱いていたんです。

だって、それって人気者の証拠《しょうこ》だから。

誰かから妬《ねた》まれる生活をしているという証拠だから。

悪口言われる人がいちばんの人気者だと思うので、アンチが湧いた時にちょっとうれしかった。目指していた姿に一歩近づいたな、って。

悪口を言うほどの熱量を向けているって、ある意味、ファンですよね？（笑）

貴重な時間と労力を割《さ》いてわざわざ悪口を言ってくれるなんて、めちゃくちゃ私のこと大好きじゃん。気持ちいいじゃないですか。

とはいえ、私はかなりの変わり者だと思うので、みなさんの参考にはならないかもしれません。100件の「死ね！」がきたら、「100件のコメントがきた♡」って思うタイプの人間なので。

「SNSが怖い」という方もいるのですが、そういう人を見ていて思うのは、「不慮《ふりょ》の炎上」をしているからだと思います。自分的には悪いことじゃないと思って投稿したことが、思いがけず炎上してしまったりするとびっくりしてしまう。

一方、「計画的な炎上」であれば、しめしめなんです（笑）。

だから、私には「炎上しちゃった、やべえ！」みたいなのはないんです。「思いの外《ほか》、バズらなかったな……」ということはありますが。

生半可《なまはんか》な承認欲求ならSNSはおすすめしません。私はもう「あおちゃんぺ、ここにあり！」という感じでやっているので、何を言われてもビクともしなくなっちゃいました（笑）。

下を見て安心するタイプの人か、
上を見て悔しがるタイプの人か、
人って大体この2択。

イソップ童話『うさぎとカメ』の話はみなさんご存じだと思います。

うさぎに歩くのが遅いことをバカにされたカメが、山の頂上までかけっこの勝負を挑《いど》むお話です。余裕で走るうさぎがカメが来るまでひと休みしてやろうと眠っているあいだに、カメは着実に進んでゴールしていたというストーリー。

この童話の教訓《きょうくん》として、「うさぎはカメを見ていた、カメはゴールを見ていた」という言葉があります。

これまでいろんな人を見てきて思うのは、人って「下を見て安心するか」「上を見て悔しがるか（努力するか）」の2択なんだな、ということ。

「上を見て悔しがる（努力する）」人にも2種類あって、「だから頑張ろう」って思える人と、「こき下ろしてやろう」と悪いモチベーションになってしまう人がいる。「こき下ろしてやろう」というエネルギーを持った人は、自分より上だと思っている人をなんとか下にしようと頑張ってる。

私も、「どうせ汚いお金をもらっているんだろう」「どうせ体を売って稼いでいるんだろう」と、事実ではないことを言われることがしょっちゅう。そうでも思わないと自我が保てないのかなと思って眺めていますが……。

ある研究データによると、「大多数の人が、自分のことを『平均以上』だと思っている」という結果があるようです（平均以上効果／レイク・ウォビゴン効果）。

どんな立場の人でも、「見た目や性格、能力、社会的立場などが、自分は中堅以上だと位置づけている」というデータ。「見た目」「性格」「能力」「社会的立場」などといった部分は、数字で比較することはなかなか難しく自己判断でしかないから、「自分は平均以上」と思いやすいんでしょう。

仮に自分が5人グループの中にいたら、「この5人の中で、3人より上にいるだろう」ってみんなが思っているらしいです（笑）。

だからこそ、同等、もしくは「下」だと思っていた相手が、実は一歩先に行っていたり、世間に注目されたりすると、「上」に感じてしまって自我が保てなくなる……。「おまえはせいぜい3番目のくせに、何注目されているんだ？」って（笑）。

だから、私はそういう人に「ブス」とか「死ね」とか言われても、「こんにちは♡」ってぐらいに聞こえています（笑）。

この世のみんなに好かれようなんて、
どんだけ傲慢《ごうまん》なの？

人間関係に悩む人の根底には、「みんなに好かれたい」「誰からも嫌われたくない」って思っちゃっている人もいると思うんです。

でも、一クラス35人くらいの、そんな小さな社会の中でだって好き嫌いがあったり、人間関係の揉《も》め事があることは、誰だって経験しているのに、もっと広い世の中で、世間の人みんなに好かれようなんて、なんて傲慢なんだろうって思いません（笑）？

私は、嫌われるのがニュートラルだと思っているから、「みんなに好かれよう」なんて次元で人間関係を築いていないんです。

「相手の顔色や表情を見ちゃうと、言いたいことが言えない」「嫌われるのが怖くて言いたいことが言えない」っていう悩みをよく聞くんですが、これはもう勇気があるかないかだけだと思います。

私が強く言うのって、相手の感情がわからないから言えるんじゃないんです。わかったうえで、それでも言いたいから言ってるんです。

大切な人だから、自分が嫌われてもいいから言います。大切な人に嫌われるかもしれないっていう勇気を持って、それでもこの人は誰かにそれを言われる必要があるなって思ったら、言う。

逆に、私が誰かにガツンと言われた時って、一回持ち帰るんです。その場で解決しなきゃいけないこと以外は、家に持ち帰ってじっくり考える。それで、自分が納得できれば「言ってくれてありがとう」ってなるし、「あれってどういう意味だったのかな」って疑問が出てきたら、次に会った時に「こないだのあれってどういう意味だった？」って、聞く。わからないことを「わからなかったんだけど教えて」って普通に聞いちゃう。

わかったふりとか、勝手に解釈したりせず、物事の本質を知りたいのでどんどん聞く。頭のいいふりとか、理解したふりとかしないほうが、相手と衝突《しょうとつ》を生まないし、愛される存在になれるんじゃないかな、と思うから。

悪意を持って言われた言葉かどうかを読む力はあるので、そうじゃない言葉ならちゃんと聞くし、悪意があるなら気にも留《と》めません（笑）。

今から
すっごい傷つくかもしれないことを
言うんだけど、いい？

大切な友だちに言いにくいことをどうしても伝えたい時、私は冒頭で「今からすっごい傷つくかもしれないことを言うんだけど、ひとついい？」とか「ちょっと言葉が強くなるかもしれないけど、いい？」って言うようにしています。

相手は「え……、何を言われるんだろう……」って身構えるわけです。めちゃくちゃ相手に構えさせたところで、丁寧《ていねい》に言葉を選んで言えば、思ったより被弾《ひだん》しない、言われた内容にはあまり傷つかないという心理があるんです。

なので、最初に大げさに相手に準備をさせると、相手を思ったほど傷つけないで済む。

最後に、「私の話、どういうふうに捉えた？　嫌なふうに捉えてない？」って聞いてこちらの意図も伝えられると、より良好な関係をその後も築いていけると思います。

「人望」がある人、ない人がいますが、ひとつ言えることは、「人望」がある人は、きちんと言いにくいことを言える人なんだと思います。

ヘラヘラ笑顔を振りまいて、相手にとって聞きなじみのいいことばかりを言うことでは決して得られないもの。

「この人はなんだかんだ私のことを考えてくれているんだな」って思ってもらえたら、相手の心の中に勝手に住み着くことができる。

「人望を得る」って、そうやって、相手の心の中に住み着くことができるかどうかなんだと思います。

自分の立場を明確にしない人は、
誰からも好かれない。

たとえば、大勢の中でちょっと悪口を言う空気になった時に、「そういう話はやめよう」とか「もっと楽しい話をしようよ」と、話の流れを変えてくれる人はいいのですが、そういう場で肯定も否定もしない人を、私はいちばん危険だなと思って見ています。うまくその場をやり過ごそうとしている人は、後《のち》に別のグループのところに行ってこの話をチクるな、と。

私は、陰口はいいことだとは全然思っていなくて、言いたいことがあるなら直接本人に言えばいいと思っている派。直接本人に言えないなら、陰でも言うべきではないと思っています。

でも、いちばん嫌なのは、そういう場で意思表示をしない人。そういう人がいちばん信用できない。こっちのコミュニティで得た悪口や情報を、素知らぬ顔して聞いていながら、別のコミュニティにお土産《みやげ》として提供する人。ある意味、八方美人な人。人に好かれる術としてそういうことをやる人って、結局どっちからも嫌われちゃう。

好きなことは好き、嫌いなことは嫌いって意思表示してくれる人のほうが、よっぽど信用できる。自分の立場を明確化できない人が結局誰からも好かれないんですよね。

だから、私は、反対意見であってもしっかり伝えてくれる人のほうを信頼しています。

友だち関係では、
相手の急所を突かない。

相手が友だちであればあるほど、できるだけ本気で、伝えるべきことは伝えようと思っています。そこでケンカになったとしても、ケンカも「話し合い」のひとつ。だから、私はケンカを避けようとは思っていません。

「(言わなくても)察してほしい」なんて土台無理な話。相手にもわかる言葉で伝えないと、真意を伝えるのってすごく難しい。だから、私はいろんな言葉を使えるようになりたいなって思っています。

ただ、友だち関係の中で気をつけているのが、相手の急所を突かないこと。

いくら友だちであっても、すべてを包み隠さず話したり、指摘《してき》したりするのが友だちではないと私は思っているからです。

たとえば、すごく恋愛体質な友だちが「男に依存《いぞん》しない自分」を設定している場合、「いやいや、あなた恋愛体質じゃん！」なんてツッコむのはタブー。本人の設定の矛《む》盾《じゅん》はその人の急所でもあるので、そこは指摘せずに付き合う。

本当に指摘すべきこと以外は、本人の設定に付き合ってあげるのだって、友だち関係の中では意外と大切だと思うんです。

大切な人とは
信頼関係を築きたいから、
会話を忘れないようにメモしてる。

嫌いな人、自分に害がある人に対する対処法を主にお伝えしてきましたが、とはいえ、私は基本的に人のことが好きなんです。だから、ファンにもアンチにもコメントを返したりするし、好かれても好かれなくても相手に興味がある。会話が通じないと「無理だな」ってなるんですが、基本的に人のことは好きなんです。

ＳＮＳ上でもお悩み相談に答えることがありますが、リアルでも、私は相談してきてくれる人のことをすごく大切にしています。相談者は、話す相手に心の内をさらけ出すってことだから、自然と距離がぐっと近くなる。

心をさらけ出して、私に近づこうとしてくれている人には、私も心の内を見せられるような自分であろうと努力しています。

ある日、雑談の中で、お子さんに関する悩みを話してきてくれた人がいたんです。私よりずっと年上の方なのですが、「小6の娘がマーチングバンド部に入りたいと言うんだけど、入部すると保護者の稼動《かどう》も多くて。働いているとなかなか難しい。でも、娘はやりたいと言ってる。やらせるべきなんだろうけど、仕事も辞められない。やらせられない私は親として失格なのかな……」と。

私は自分の経験からいろいろお話をさせてもらいました。

数か月後、その方とまた会った時に、冒頭で「お子さんのマーチングバンドの件、どうなりました？」って聞いたんです。そしたら、「えっ？　あの話を覚えていてくれたんですか？」ってビックリされました。

日々さまざまな人に会うなかで、それぞれの相手との会話や悩みをずっと詳細に覚えていられるわけではありません。

でも、自分の話を覚えてくれている人のことを、人は絶対的に信頼するんです。しかも、昨日今日の話ではなく、数か月、数年前の話であればなおさら。覚えていてくれたことだけでうれしいものです。

だけど、記憶力には限界がある。だから、たとえば、ＬＩＮＥなどで今日話した会話の続きをして残しておく。このケースで言えば、帰ってから「お子さんのマーチングバンドの件、解決策が見つかるといいですね」とメッセージを送ったりして。

そうすれば、次に会う時にそのＬＩＮＥを見返して、「あの人とは前回、マーチングバンドの話をしたな」と思い出して会話に臨《のぞ》める。ＬＩＮＥをメモ代わりにしておくと、久しぶりに会う相手とでも、続きの会話ができる。

自分に向き合ってくれる人や、心をさらけ出してくれる人は、私も大切にしたい人なので、私は意識的にそういうコミュニケーションの取り方をしています。

第3章

誰だって
みんな
強くて弱い

嫉妬《しっと》心は
自分の課題を見つける入口。

言い訳とか嫉妬とか、そういうカッコ悪い感情を外に出すのが、私は苦手です。そういう感情がゼロかと言ったら嘘かもしれないけど、そういう感情を出すことがいちばんみじめだと思うから。

さまざまな環境があって、その中で自分なりに選択をしてきて、自己責任で今の自分になっているわけだから、言い訳をするのも、他人に嫉妬するのも、とにかくカッコ悪い。

「私なんて……」って思う時間がいちばん無駄だと思うので、どうしたらそういう状況を打破《だは》できるのかを考えたほうがよっぽど効率がいいと思うんです。私は人生にも効率を求める人間なんで（笑）。

そんな時間があるなら、じゃあどうしたらいいのかっていう次のフェーズにいけばいい。その時には「私なんて……」っていう感情は消えているから。

なので、私は、嫉妬心が自分の中でむくむくと湧き上がってきたら「チャンス！」と捉えています。私はこれが欲しいんだ、こうなりたいんだっていうのがよくわかる「気づき」のポイントになるからです。

目指すべきところが見えたら、そうなるために自分はどうしたらいいんだろうって

「対策」のほうにシフトすればいい。そう考えたら、嫉妬心は、自分の問題を見つける入口なんです。

行動すれば成功するってわけではもちろんないんですけど、でも、成功者で行動していない人はいないんです。

そう思ったら、自分を卑下している時間がいちばんもったいない。

やるべきことはくよくよすることでも、言い訳することでも、他人を妬んでいる場合でもなくて、「じゃあ、自分はどうしたいのか」を考えて行動することなんです。

カラオケ
747
全300室
カラオケ
たいむら

自分で選んだ道で何が起きても、
絶対人のせいにするなよ。
結果、それが自分のためだから。

自分に起こる出来事を常に人のせいにする人がいますが、そういう人って結局それが回り回って自分に返ってくると思うんです。

たとえば、人のせいにしたことが相手に伝わった場合、「え？　おまえ、俺のせいにしただろ」ってなりますよね。仮に伝わらなかったとしても、話した相手には「あ、他責《たせき》にする人ね」って思われます。

どっちにしたって、誰かには「人のせいにする人」って思われるんです（笑）。

結局、自分のせいにしたほうがダメージが少ないということです。

人のせいにした一瞬は気持ちが楽になるかもしれないけど、結局後になって自分に返ってくるなら、嫌なことであればあるほど先につぶしておいたほうがいい。

だから、その場を逃げるために誰かのせいにして、ゆくゆく誰かに責められるより、その場で「はい、すみません。私が悪かったです」って言ったほうが傷は少ない。

逃げれば逃げるほど後がきつくなっちゃうんです。

人は長所で尊敬されて、短所で愛される。

「短所」って良い意味で捉えると「かわいい」部分だと思うんです。

自分が短所って思っていても周りから見たら「かわいい」って思われるかもしれないし、周りが短所って思っていても自分からしたら「かわいい」と思える部分かもしれない。

なので、「短所」を「短所」って誰が決めるんだろう、って思うんです。

「自分の意見がうまく言えない」っていうのは短所と捉えれば短所なんだと思いますが、でも、「自分の意見より、他者の意見が聞ける」という面を捉えれば「聞き上手」。

短所だと思っている側面って、見方を変えれば全部長所になる。

それに、人間関係を継続できないほどの「短所」なら、相手はとっくに離れていると思うので、人間関係を続行できているってことは、その「短所」も許容《きょよう》されている証拠なんじゃないかな、って。

そう考えたら、長所とか短所とかそんなに考えずにいたほうが楽。

ちなみに私は、ほんっとに自分本位で生きているので、私の短所も「良しとしてよ」って思って生きてます（笑）。

おカネにならないプライドは捨てて。

私は、プライドが高いほうです。

自分のことを知ったような口をきかれるのも嫌だし、負けることがすごく嫌いだし、無下《むげ》な扱いをされることも嫌。でも、だからってそういう場面で必死になって怒ることも、私のプライドが許さない（笑）。

でも、仕事だと、カネにならないプライドは捨てようって、あっさり捨てちゃうんです。

カッコよく見えなくてもそれをやるべきか、やったほうが損か得か、で考える。

その先に欲しいものがあった時、それにたどり着くためにするダサいことには、プライドを捨てるべきだなと思ってやっています。

そのプライドを維持することで自分が損するなら、プライドなんて捨てる。

プライドがない人なんてそうそういないと思うけど、プライドがない人は無敵。「守るべきものがある」というのは、ある意味「弱点」で、「プライドを守る」人はそういう弱点を抱えている。

だから、プライドは持っていていいと思うけど、いらない時はさっと手放せる柔軟《じゅうなん》性があると、強くいられるのかなって思います。

弱みは口に出すことで、
強みに向かってく。
ゼロから何か作るより、
今持ってるものを
有効活用できるようになろ。

自分の弱さと向き合えている時って「強い」状態なので、弱さを他人に向けることはないと思うのですが、一方で、自分と向き合わずに、自分の中で解決せずに、他者に目を向けて他人を傷つけたり、けなしたりすることで、自分の負の感情を解決しようとする人は「弱い」なって思います。

人は弱い部分も強い部分もあると思うんですが、自分がほかの人より劣《おと》っていることを感じた時にどう解決するかで、「強い」「弱い」が決まるのかな、って。

誰にだって、自分の弱みってあります。もちろん私にもあります。

その弱みも見方によっては強みになるけど、よーく向き合わないとそれはなかなか強みにならない。逃げ回っていたらずっと弱みのまま。

ひとつの方法として、自分の弱みがちゃんとわかっているなら、先に口に出しちゃえばいい。そのほうがマシになる、軽症で済むので、あえて私は口に出しています。

たとえば、「語彙《ごい》力がないこと」が弱みだと思っているなら、相手から「全然わからなかったんだけど……」って言われる前に、自分から「全然わからなかったと思うけど大丈夫だった?」って先に言う。自分で自分を指摘する、自分で先に口にしたほうが心は楽になるし、向き合うことで強みに変わってくって思うんです。

落ち込まなくて大丈夫。
ネットでしか物言えない人は、
リアルでも楽しんでる人が
ネットでも権利を得てると
叩きつぶしたくなるんだよ。
俺たちの場所を奪うな!!　ってね。

私がXで発言するのは、議論が湧けばいいなと思ってあえて持論をつぶやいたり、殴り書きの日記のようなものを晒している感じで、そこで私が主張したいこととか、絶対これは伝えたいことって正直、ないんです。

たまに、私がつぶやいたことに対して、「それってあなたの感想ですよね?」ってコメントしてくる人がいるのですが、「私のXなんだから、私の感想しかないよ。他人の感想をつぶやくわけないじゃん」って笑っちゃいます。

すべての問題ってすべてに白黒つくわけじゃなくて、それぞれ人の数だけ答えがあるんですよね。だから、問題提起をしたことに対して決《けつ》を採《と》りたいわけではなくて、みんながそれを考えるきっかけになればいい。つぶやくたびに、賛成コメントも反対コメントもあり、そこにはアンチコメントもあるのですが、私はそれでいいと思っています。

ですが、あまりに行き過ぎたコメントもあり、生命に危険を感じるようなコメントがきた場合は、即座に開示請求の手続きをとっています。

これだけインターネットが社会に浸透《しんとう》していると、その情報がまるで現実の意見のように感じられると思うんですが、SNS、特にXは「掃《は》き溜《だ》め」になっているだけで、そこがリアルじゃないってことは自覚してネットと付き合ったほうがいいと思います。

世の中でXを使っている人は一部の人、さらにそのもっともっと一部の人だけが極端なことを言っている。そこにスポットライトが当てられて話題になるから、それがまるでネット勢の総意のような錯覚《さっかく》を持つ人もいるんですが、世の中全体で見たら、ネットでスポットライトが当たるような極端な意見は超希少。絶対にリアルでは出会おうと思っても出会えないくらい極々少数な人なんです。

現に、Xをやっていない友だちに「今、Xでこれがめっちゃ話題になっているんだけどどう思う?」って言ったら、「そんな話あるわけないじゃん」って信じてもらえませんでした。そのくらい現実とかけ離れている。

ネットの世論では極端なことを言う人が面白くて、数字を取れる傾向にあるから目立って、世の中そんな人がいっぱいいるんだって思いがちなんですが、実際はそうじゃないんです。

Instagramを見ていると、「なんでみんなこんなにかわいい子ばっかりなんだろう」って自分と比べて落ち込んじゃっている人もいるけど、現実にはそんなわけない。

ネットとリアルは違うってわかったうえでネットを楽しまないと、本当に危険だと思います。

現実ではそんな考え方をしている人はいないのに、ネットをリアルと混同すると考え方も危険になってくる。

ネットの情報や意見を鵜呑《うの》みにしている人が多いのですが、スマホ1台に人生振り回されちゃいけないと思います。ネットは娯楽《ごらく》のひとつと捉えて、そうできない人はSNSとは距離を置くことをおすすめします。

ちなみに、私は日々Xの投稿をしていますが、飽きたら1週間くらい放置することだってあります。久しぶりに見たらアンチコメントがたまっていたりして（笑）。でも、一生懸命打ってくれたであろうアンチコメントも、私の指一本で、一瞬で流れていってしまう。だから、ネットに全力投球なんてしないほうがいいんです。

依存先をひとつにするから、
その居場所がなくなってしまうと
不安になっちゃう。
心の安定のために、
楽しめる場所は
たくさんあったほうがいい。

LINEやメールがきたら、すぐに返事をしなくちゃいけないって思っている人もいるかもしれません。スマホ1台ですぐに他者とつながれてしまうからこそ、私はあえてスマホを見ない時間をつくります。

私は興味があちこちにいくタイプなので、ネットに興味を失ったらしばらく放置し、アニメを見始めたら一切スマホは見ないなんてこともザラ。

周囲からは、ネットにずっとつながっている人と見られがちなんですが、実はそうでもなくて、2日に1回しか充電しなくても大丈夫だったりするほど。

人間関係でも、仕事でもそうだと思うんですが、依存先はたくさんあったほうがいいと思います。ひとつのことに集中しすぎちゃうと周りが見えなくなってしまうし、依存先が少ないと、それを失った時にパニックになってしまうから。

保険をかけるわけじゃないけど、いろんなところに楽しみを持っていたほうが心は安定すると思いますし、視野も広がると思います。

自信を失う理由は明確にわかっていて、
他人の意見に耳を傾けすぎるから。
信用のある人の意見にしか
耳を貸さなければ、
自信を喪失することはない。

私はずっと、「おまえごときが私のことを傷つけられるわけがない」って思ってるんです（笑）。私はほんと変なので、みなさんの参考にはならないかもしれませんが、そうやって、私はある意味人を見下しているんだと思います。

プライベートの付き合いがない人に何か言われても、表面上のことだけを言われている気がして、私にはまったく刺さらないんです。

仲良しな人に「そういうところよくないよ」って言われたら「たしかにこの人は私のことを知ったうえで言ってくれているから、直したほうがいいのかも」って立ち止まりますが、私のことを知らない人に何かを言われたとしても、痛くもかゆくもなくて（笑）。

それって、私が私のことをめちゃくちゃ良いヤツだと思っているからかな、って。

10代の頃はあまり自分に自信が持てなくて、周りの目を気にしたりしていたのですが、「人に嫌われてもいい」って思えるようになってからは、自分に自信が持てるようになりました。

人に自分を否定されても、「だって、あなた私のこと知らないじゃん」って思ってる。たぶん、私は人のことをめちゃくちゃ見下しているんだと思います。

私のことをブスと言った人は、
私の美しさを感じ取る感覚を持っていないだけ。
私と美的センスが合わないだけ。

もうひとつ、私が「自分って良いヤツ」って思えるのは、その瞬間瞬間で、全力で最善の人間関係を築けているという自負《じふ》があるから。
目の前にいる人に対して全力で向き合っているし、やさしくしたり、親身になって付き合っているので、ここまでやって私が嫌なヤツなわけがないって思っている(笑)。

容姿についても、周りを見れば、かわいい人がたくさんいて、「あの子のああいうところがかわいいな」とうらやましく思うこともあるんですが、だからって自分を卑下するわけじゃなく、「あの子もたしかにかわいいけど、私もこんなに容姿を気にかけているんだから、ブスなわけない」って思うんです。

自分が「良いヤツ」「かわいいヤツ」って思えるまでそれをし続けるだけ。そう思えるまで突き詰めるだけ。
私は時々Xなどでも、あえて「自分って良いヤツ」「自分ってかわいいヤツ」って発言をしているんですが、もちろん賛否《さんぴ》あります。

外見に関して言えば、これほど個人の見解なことってないんです。だから、「かわいくないじゃん」って言われても、「あなたはそう考えるかもしれないけど、私は普通にかわいいんで大丈夫」って思える。

人間性に関して言えば、私は自分の友人に「良いヤツ」って思ってもらえていればいいので、全然関わりのない人になんて言われてもダメージを喰らわないんです。関係ない人に言われることはただの雑音でしかない。

関係ない人になんて思われようと自分の人生になんの影響もないんだから、関係ない人に好かれる必要なんてないんです。自分がかわいいって思えばかわいいって言っていいんです。

反撃も説得もする必要なくて、
自分と逆の意見を持った相手として
接すればいいいだけの話。

Xで私がつぶやいたことに対して、ものすごく怒って辛辣な言葉を浴びせてくる人たちがいるのですが、そういうのを見ると、私は「勝った‼」って思うんです（笑）。もうきちんとした説明や理屈で反論できることがひとつもなくなったから、バカとかブスとか始まったんだなと思うから。

私は、人に対して「どうしてそうなったの？」「どういう背景があった？」って興味があるので、私に対して怒っている人にも「どうしてそんなに怒ってるの？」って普通に聞いちゃって、余計に相手を怒らせてしまうこともあります。「今そうなっている詳細を教えてもらってもいい？」なんて聞いちゃったりして。

SNS上のやりとりで怒っている人に関しては、これ以上は会話が難しいと判断した段階でスルーしたりするのですが、友だちだったり、仕事相手だった場合は、「着地」を決めます。

まず「決着をさせる必要があるかどうか」を考え、その必要がなければ、「そうだね、あなたはそういう考えなんだね」とあえて共感の道を選んで、自分の意見を言わずに終了。特にプライベートな関係だと、白か黒か決着をつけなきゃいけないようなケースはほぼないので、意見が合わなければ相手の話を聞く側に回ります。

一方、仕事などで着地をする必要があったら、言い方などを考えます。

意見が違うから対立が生まれているわけなので、まず相手の言っていることを整理して、私は私で「こういう意図で話しています」「こういう理由でこうしたほうがいいんじゃないかなと思います」と伝えます。

反論されたからといって、自身を否定されているわけではないので、「なるほど、そちらの立場ではこういう気持ちになるのか。じゃあ、その場合はこうだな」と話が進んでいく。ポケモンバトルのように、こっちがしたことに対して、相手がそう反応するなら、じゃあ、こうしてみては？　と進んでいく感じ。

反論は人格否定ではなく、自分と違う意見を持ったもうひとつの意見、それだけなんです。

怒りんぼって人生疲れそう。
ポジティブ足りてなそう。

人生においてブチギレるということはこれまでにほぼないのですが、イライラすることはもちろんあります。でも、「相手が私を怒らせたから」というのではなく、私が今こういう感情になっているのは、「私が今こういう状況下だから」「そういう周期だから」と「自分のせい」だと思っているんです。

自分の状況や今置かれている環境、コンディションによって、同じ事象に対しても、導き出す答えって変わりますよね。私は、自分の感情の原因は他者ではなく、自分にあると思っていて、もしかしたら違う日に同じ事象が起きたら全然違う感情になっていたりするかもしれないなって思うんです。

そんなふうに考えているうちに、頭の中でどんどん話が脱線してきて、「今日の晩ごはんどうしようかなー」なんて思ったりすると、あ、私、別に怒ってないな、とか(笑)。

心がけているのは、感情で怒っている時ほど感情の赴《おもむ》くまま行動はしないようにすること。楽しい時やめっちゃワクワクしている時に「あっちに行きたい！」って感情優先で動くのはいいと思うんですけど、怒っている時には気をつけないといけない。

直感でしたことって言い訳ができないんです。「どうしてそんなことしたの？」って聞かれて、「だってそうしたかったんだもん」って言うしかないってことは、「責任」がとれないということ。

楽しい時には責任をとる必要はないんですが、怒っている時は自分の言動次第で相手を傷つけることがあるかもしれないし、事態が変わることだってあるかもしれない。そこには責任が伴《ともな》うので、心に従わずに一度冷静になったほうがいい。

イライラした時ほど、他責にせず自責で、ちゃんと考えて行動したほうが、のちのち絶対に後悔しません。

でも、家ではめちゃくちゃ心に従って行動しています。

今日はお風呂に入りたくないからやーめよ！　とか（笑）。

私の中にいる
もうひとりの
「ロールパンナちゃん」が
私を落ち着かせてくれる。

さまざまな番組に呼んでもらうことが多いのですが、討論番組だったり、ケンカを仲裁《ちゅうさい》するような相談番組だったりすると、感情的になって突っかかってくる人もいます。

そういう時も感情の赴くまま反応しないようにしています。特に仕事の現場だと、間髪《かんはつ》入れずにほかのコメンテーターさんや司会の方がフォローしてくれたりするので、考える時間が生まれて冷静な対応をとりやすいんです。

一方、プライベートな関係性の場合でも、感情的な人とは話さないって決めています。

感情的な人とは絶対に建設的な話し合いや、根本的な解決ができないからです。たまに、話の途中で急に感情論を持ち出す人がいるのですが、持ち出された途端に「このまま続けていても仕方ないので、今日は終わりにしよう」って打ち切る。「落ち着いて話せるのなら話すけど、それが無理そうなら、別の日にしよっか」って。

そういう対応ができるのは、私の中にもうひとりの存在がいるから。たとえて言うなら、「黒いロールパンナちゃん」と「白いロールパンナちゃん」の2人。

やさしい白いロールパンナちゃんが、ちょっとイラッとした自分を冷静にしてくれる感じ。

そんなふうにできるようになったのは、やはり経験によって引き出しが増えたからだと思います。

今は一回受け流して、帰ってからどうしても気になるなら、「こないだのあの件だけど」って後日聞いてみるという選択肢もあるかもしれない。お互い時間をあけて冷静になったら、本質的な会話ができることもあります。

感情的になっている相手に、感情でぶつかっても何もいいことは生まれない。それもこれまでの経験でわかっていることだから、瞬時に反応しないようにしています。

BODYARTIST
TEXAS

頭と心が完全に分離していて、
心で別のことを言いながら
口では別の話をしている。

こう見えてとにかく心配性なので、トークショーやイベントなど人前に出る時はめちゃくちゃ準備します。

テレビ番組などは全然緊張しないのですが、目の前に直接フィードバックしてくるお客さんがいるトークショーやイベントは、どんなに準備をしていても緊張します。

私がステージに上がって客席を見ると、寝ている人もいるし、コソコソおしゃべりしている人もいて……。あー、あの人寝てるな、あの人はお隣の人とお話ししていて、私に興味ないな……って。そう思いながらも、トークショーだとしゃべり続けないといけない。

脳と心が分離して、まるで私が2人いるような感じ（笑）。口ではスラスラ準備してきたことをしゃべり続けながら、心の中では脳との会話が始まる。「あの人寝てるなー、あの人も興味ないなー。でも、大丈夫大丈夫」って自分と会話しながら、口では違うことをしゃべる。

次になんていう言葉を発したら適切なんだろうって考える時も、口ではちょっとずつうまく違う言葉を使ってつなぎ合わせて長くしながら、頭の中では次の言葉を探している。

もし「心」だけだったら、「どうしよう」という不安な心が全面に出てしまって感情的になってしまうケースもあるかもしれない。もし「脳」だけだったら、相手の感情や状況を加味《かみ》できずに自分だけの意見を押しつけてしまうかもしれない。

「脳」と「心」が分離して、かつ共存して、今どっちを優先させるかというコントロールができるようになると、より自分が自分らしい発言をしていけるようになるんだと思います。

人生は理不尽《りふじん》で、
実力を示しても嫌なことは続き、
こっちが悪くなくても
大切なものを取り上げられる。

人生って理不尽なことがしょっちゅう起きます。

しかも、「理不尽」っていうくらいだから、説明がつかない、理屈が通らない出来事ばかり。

仕方なく受け入れて、謝らなくていいところで謝ったり、１００％受け入れて後でモヤモヤしたり……。そういう人も多いと思います。そんなことの連続かもしれません。

そういうことにも「大人な対応」があるのかもしれませんが、私は、理不尽なことをしてきた相手に「今って、なんでこんな状況になっているんですっけ？」「あなたはどういう理由でこういうことをしていますか？」って率直に聞きます。

相手もきっと何かそうせざるを得ない理由があったかもしれないし、決められたルールの中で云々《うんぬん》した結果、こっちにはそう言うしかなかった……とか何かしら理由があるなら、それを聞きたい。

まずは「会話が成り立つのかどうか」を確認したい。

言いたいことがあるのに言えない人がすごく多いのですが、理不尽なことをしてきた人にですら、嫌われたくないって思いがあるから言えなくなってしまう。

でも、何度も言いますが、嫌われて支障《ししょう》が出る人なんてほぼいないんじゃないかなって、私は思うんです。

とはいえ、言い方次第ではケンカやトラブルになることもあるので、めっちゃ意気込んで「言うぞ言うぞ！　言ってやるぞ！」っていう姿勢ではなく、「単なる質問」「単なる疑問」を素朴《そぼく》に聞くっていうスタンスであることがポイント。

感情的になる必要なんてひとつもなく、わかり合えないなら、「じゃあ、もう大丈夫です！」でいいんじゃないかなって思います。

第４章

自分本位に生きることはわがままなんかじゃない

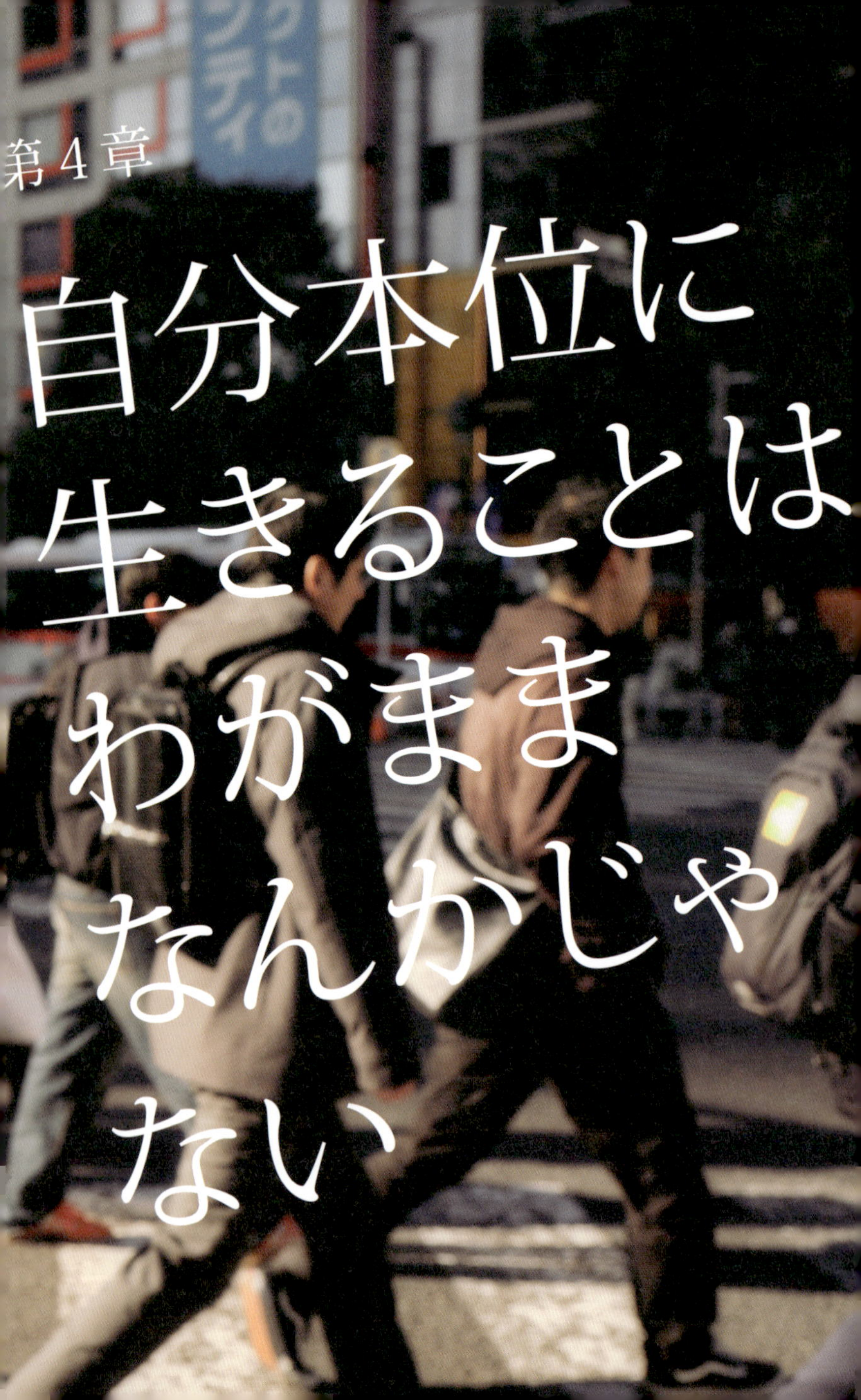

自分を最優先にして、何が悪いの?

「自分勝手」というのは、集団の中で周囲のことを考えず、ひとりだけマイペースなこと。

「自己中心」というのは、わがままな自分を出していること。

というふうに私は思っているのですが、私が心がけているのは、「自分勝手」でも「自己中心」でもなく、「自分本位」に生きるということ。

「自分本位」というのは、自分をいちばん大切にして、優先して生きていることだと、私は思っています。

相手か自分のどちらかを優先するか迷った時に、「自分」だと言える気持ち。

それは、自分を人生の主人公にして生きることだと思うんです。

でも、それは「人生の主人公」であって、「物語の主人公」ではないんです。

物語の中の「脇役」を自分で選んで生きているなら、それは自分の人生の「主人公」。脇役になることを自分で選びたくて選んだのなら、「脇役」であっても、それは自分の人生の中で「主人公」。

周りに「脇役がいいんじゃない?」とか「あなたは脇役が似合う」と言われて「脇役」を選んだのではなく、自らの意思を優先して、望んで「脇役」を選んだのなら、それは「自分本位」ということ。

サポート役に徹するんだ、それがいちばん自分の本領《ほんりょう》を発揮《はっき》できるんだと思って、なりたくてサポート役を選んだなら、それは主人公。

だから、「自分本位」というのは、人に言われて選んだことではなく、良いことだろうが悪いことだろうが、主役だろうが脇役だろうが、それを自分で最善だと思って決めたことなんです。

周囲を見たうえで、自分のやりたいことと自分の才能がいちばん発揮できるところを見極めて、そのポジションを取るということ。

自分でそのポジションを選んでいるのなら、あなたは「自分本位」に生きています(笑)。

そう生きられたら、後悔はないし、幸せに感じられると思うんです。

そんなふうに言う私も、保育園の時、「桃太郎」の劇の発表会で、みんな自分がやりたい役を選んでいくのに、私は「桃太郎がやりたい」って言えなくて、キジの役になったんです。黄色いパーカーを着て、フードのところに小さいくちばしが付いていて、舞台を3往復するだけの役。しかも、キジ役は5人いたから、そのうちの1人。「あの時、主役をやりたいって言えばよかった」って未《いま》だに思い出すことがあるのですが、自分でキジをやりたくてやったならよかったんです。

「あおいちゃんはキジでいいよね」って言われて、させられてやったから、ずっと今でも「させられた」って思ってしまっている。「自分本位」にキジ役をやったなら、「桃太郎」の中の主人公は、私にとってキジだったのに……って思います。

ちなみに、桃太郎をやりたいと手を挙げたけど、戦いに挑んで勝負して、それでも桃太郎になれなかったなら、それでもキジになるのなら、それはもうキジを主人公にしてやり切ります（笑）。

「自分で決めたか」「後悔することなく『やりたい』と言えたか」で、悔いの残り方が全然違うんだと思います。

外野は空気と思って
シカトしろ。

私は「外野は空気」だと思っているんです。

自分が「こう！」と思ってそれを信じたら、外野に何を言われても突き進む。それで失敗してもそれはそれで収穫になると思うし、逆に、「外野」の言葉によって自分の言動を変えると、失敗した時に自分の外側に責任を求めてしまうからです。

友人にこんな相談をされたことがありました。

その友人は、親から「大学までいったんだから、ちゃんとした会社に就職しなさい」と言われたようなのですが、「親にはちゃんと言えていないいんだけど、別にやりたいことがあるんだよね。どうしたらいいんだろう」って言うんです。

私は、「今後、思いどおりの人生にならなかった時に、親のせいにしないんだったら、親が言う道に進むのもひとつ。でも、これからの人生、すべて自分の責任で決めていくんだから、自分のやりたいことをやったっていいと思う」と伝えました。

その友人はその後、自分のやりたい道に突き進み、今、頑張っています。

とはいえ、私はアドバイスをする時、自分の言動には気をつけるようにしています。

人は、順調に進んでいた道の途中で、なかなか自分の思いどおりにならなくなった時、つい誰かのせいにしたり、環境のせいにしてしまうからです。

「あの時あんなふうに言われたから私はこっちを選んだのに、うまくいかなかったじゃん」とか、「こっちを選んだけど、周囲がよくないから、こんな結果になって後悔している」とか。

「思いどおりにならない状況」というのは、今目の前に「克服すべき課題」が提示されていて、それをクリアしたらさらに先にいけるのに、それを「人のせい」にすることで、自ら課題をクリアするチャンスを逃してしまう。それってすごくもったいないことだと、私は思うんです。

だからこそ、私は、相談をされた時に「誘導」するのではなく、「私はあなたの話を聞いてこう思った。じゃあ、あなたはどう思う？」という言い方を意識しています。

「なんでそんなにメンタル強いの？」って聞かれることが多々あるのですが、前述しましたが、こう見えて私もメンタルは強くはありませんでした。

幼い頃に愛情に飢《う》えていたからか、付き合った彼氏の激しい束縛《そくばく》も愛情だと勘違いし、私自身、病的なほど依存してしまっていた時期だってありました。

私を必要としてくれる人は、この世の中にこの人しかいないって思い込んでしまっていたんです。今考えたらおかしな話だなとわかるのですが、当時は「この人がいなくなったら、私は死ぬしかない」って本気で考えてしまうほどでした。

その時は、私は高校を卒業して働いていたんですが、彼との恋愛が原因で仕事を辞めてしまうほど落ちていて、１か月間ほどニートに。

あまりの「地獄」っぷりに、思いどおりにならないと泣き叫んじゃったり、朝起きたら「死にたい」って思っちゃったり、メンタルがかなり不安定になっていた時期もありました。家に引きこもって布団かぶってずっと泣いていて、そんなことを１〜２週間ぐらい続けていた時に、ふと思ったんです。

今やっていること、全部無駄だな、って。

これをずっとやっていても、何も状況は変わらないな、って。

どんなに悩んでも変えられないことが、この世の中にはあるんだな、って思った時に、頭の中でパーン！　って何かが弾《はじ》けた感触がありました。

落ち込むのも飽きるんです。

だから、落ち込んでいる人に、私は「とことんまで落ち込んで、飽きたら登っていけばいいんじゃない？」ってよく言うのですが、一回「地獄」を味わったら、それを回避する力だって身につく。そう考えたら、「地獄」を味わったことがあるから見えた世界もあるんだな、って思いました。

とはいえ、メンタルが強くなった今だって、ふと「今日、あの人にあんなこと言われたな」って反芻《はんすう》したり、「あの人に言われたあの言葉ってどういう意味だったんだろう……」って考えてしまうことはあります。

でも、そういう時は、こう思うようにしているんです。

「だから、何？」

って（笑）。

心の中に黒ギャルを飼えば
ノーダメージ。

私のXがよく炎上するのはすでにお伝え済みですが、私にとってXは完全に仕事なんです。仕事というか、片手間。

だから、何を言われても平気。罵倒《ばとう》されても無傷。

Xに全力投球していたり、プライベートなものとして使っていたら、ちょっと嫌な気持ちになるとは思うのですが、仕事でやっていることに何か言われても私はなんとも思わないいんです。「感情」ではなく、「計算」でやっていることなので。

だから、半日ぐらい大炎上させて、燃やし切ったらシカト……なんてことも多々。

100%で向き合って、100%で相手のマイナスの言葉を受け止めてしまうと、心が病んでしまう。なら、別の人格をつくればいいんじゃないかなって思います。

心の中に、黒ギャルを飼うだけで、だいぶメンタルは強くなれる。

強く出て言うべきところは「黒ギャル」を出して言う。でも、それは自分であって自分ではない、ある意味「キャラ」だから、否定的な言葉をぶつけられてもノーダメージ。自分の中身を知ってほしいわけでも、プライベートをシェアするわけでもない人に、すべて真摯に向き合うなんて無理だし、無駄だと思うので、言いたいことは「黒ギャル」に言わせるような、別人格を持ってもいいと思います。

続けることができたら、
それは才能。

大きな夢を描けなくても、大層なことをやり遂《と》げることが難しくても、何か好きなことを貫いて続けるっていうだけでも、じゅうぶん才能だと思うんです。

知り合いに、長いことニートをしていて、なかなか仕事も続けられなかったのに、ある時「音楽が好き」ということに気づいて、クラブのバーテンダーをしてみたら、人生で初めて1年もバイトが続けられている人がいます。

得意でも好きでもないことを続けるのはかなり難しいことですが、好きなことを選べば続けられる。何を選ぶかで才能は簡単に発揮できる。

続けることができていないなら、それは根性がないのではなく、才能がないのでもなく、自分が何を好きなのか気づいていないのかもしれません。

そもそも好きなことを見つけられない人もいるのかもしれませんが、いろいろやってみて、続けることができているなら、それが「好きなこと」の可能性もあります。

でも、続けることが見つけられなくても、それはまたそれで良し。周りに流されるのだって才能。人と波風立てずに生きられるのだから。そうやってスーパーポジティブに考えられるのだって、才能なんだと思います（笑）。

信者をつくりたいなら思想を語れ。
みんなが同意するような
共感の意見じゃなくて全然いい。

芸能界には、たくさんのかわいい子たちがたくさんいて、その中から頭ひとつぬきんでるってすごく大変なことだと思うんです。

でも、私は「ファン」をつくりたいというよりは、「信者」をつくりたい。

そう思った時に、「思想を語ろう」と思いました。

「私はこう思っている」と語ると、それで親近感を持ってくれる人や仲間意識を感じてくれる人が増えたんです。

あえて「これ燃えるだろうな」ってことをつぶやくこともあるのですが、そういう時にフォロワーが減る一方で、同調してくれる人はフォロワーになってくれる。そこでフォローしてくれる人は、私の「思想」に共感をしてフォローしてくれているので、それはもう信者のように私の話を聞いてくれるわけです。３日でインプレッションが８０００万を超えたこともありました。

私が「信者をつくろう」と思ったのには、あるきっかけがありました。

私の友だちが、ある宗教に入っているのですが、その宗教に私を強く勧誘《かんゆう》してくるんです。「会費は私が払うから、一緒に行くだけ行ってほしい」と。

私は宗教自体にはまったく興味がないのですが、この子をこんなに強く突き動かすものはなんだろうと、そこにすごく興味が湧きました。

連れていかれたのは、大きな施設で行われている集会。

偉い人の話をみんなが熱心に聞いているのですが、そこで気づいたんです。

自分の思想を語ると、こんなにみんなが熱心に話を聞くんだな、と。

教祖様みたいな方が、自分の生い立ちや生き方、人生観、思想を語ると、みんながうんうんと大きくうなずきながら、目を輝かせて聞いている。

これだ！　と思いました。

所属するコミュニティを
たくさん増やすことで、
いつもの自分を維持してる。

そういう話をすると、「私、思想がないんですよね……」「思想ってどうしたら持てるんですか？」っていう人がいるのですが、「経験」なんだと思います。普通の人では味わわないような壮絶《そうぜつ》な経験を幼い頃からずっとしてきたので、いろいろなことを考えながら生きてきました。

自分で経験して、自分で考えて出してきた「考え」「思い」なので、そこに嘘がないんです。嘘がないから、自分の思っていること、発言していることは自信しかない(笑)。

また、私は、いろんなコミュニティに顔を出しています。ひとつのコミュニティだけにいると、自分の思想が偏《かたよ》ったまま固まるなって思うので、いろんなコミュニティに属することも心がけています。

あっちのコミュニティでは常識だったことが、こっちのコミュニティでは非常識なんてことはザラ。あちこちのコミュニティに顔を出していると、自分は「どう思うのか」という本質と向き合わざるを得なくなってきます。

あと、私がしていることは、討論をするような番組の場合、いろんな人の意見や、その意見に対して自分が思ったことを、ひたすらメモる。

あの人が言ったことに対して、私はこう思ったっていうことをバーッと書いていって、使えるところを抜き出して、自分の番になったらそれを発言する。そういうメモをするクセをつけていったことで、より自分の思考が明確になっていき、言語化できるようになっていきました。だから、私の台本はいつも赤ペンで真っ赤になってる(笑)。

そのメモの中で自分が何を思ったか、そこをいちばん大事にしていくと、ほかの人がまったく違う意見を言ったとしても、それに引っ張られたりはしない。「私はこう思っている」というのが明確になります。

たまに「自分にはあまり意見がなくて……」と自信なさそうに相談してくる方がいるのですが、いろんな人と会って会話をし、さまざまな意見をメモってみて、そこから浮かんできた素直な感情、疑問を大事にしていくといいのかなって思います。

どんな選択でも自分で決めたなら正解！
外野が口を挟んでくるけど、
誰も人生の責任を
とってくれないんだから、
自分で決めていいに決まってる!!

「そのブレなさはどこからくるんですか？」ということを聞かれることがあるんです。それは、私は自分のことや自分のものを見る目を信じているからだと思うんですが、でも、逆に、「無信」の人っているのかなって思います。

「自分には思想がない」と言っている人にも、うっすら「思想」はあると思うんです。日々の何気ない思いをスルーしているだけで、日々何かを考えている積み重ねに目を向けたら、「私は普段こんなことを思っているな」っていう、思いの層の積み重ねが「思想」なのかな、と。

それを自分の「思想」だと信じているかどうかの具合で、それに強い自信がある人はきっと私みたいになる（笑）。

思想が弱い人は強い人に流されているだけなんだと思うんです。

自信を持っている人が「これが正解！」と言ったら、それが答えになる。

もともと思想が弱い人って意思も弱いから、意思が強い人、思想が強い人に流されやすく、「これが正解だよ」って言われたら、そうなのかも……って思うかもしれないけど、よくよく掘り下げていったら、濃淡《のうたん》はあるかもしれないけどみんな「思想」は持っているんだと思います。

特定の思想や立場をとらないから、
否定もするし肯定もする。

どうしたら自分に目を向けてもらえるんだろう、注目を浴びられるんだろうって考えたことがあるのですが、人って「見た目も中身も目新しいもの」に関心を強く向けるんだなって気づきました。

だからこそ、新しい視点を提供できるような発言を心がけています。

もちろん、自分の意見や信念を曲げてまで何か新しいことを言おうだなんてまったく思ってはいません。

ただ、「賛成でも、反対でも、どっちでもない」、もっといえば「どっちの意見もわかる」という場合は、周囲の意見の様子を見ながら、「賛成」意見が少なそうな時は「賛成」に、「反対」意見が少なそうな時は「反対」に回り、そこにちょっと違う新しい意見をのせる。

番組であれば、意見は対立させたほうが面白くなるからという理由もありますが、せっかく番組司会者から「あおちゃんぺさんはどう思いますか？」と、1〜2分でも私の時間をもらえたのだから、何か新しい視点、新しい着眼点を入れようと全力を尽くすんです（笑）。

そうすると、周囲から「お！　ほかの人とちょっと違うぞ？」と興味を持ってもらえて、爪痕《つめあと》が残せる。

もちろん番組出演の時だけじゃなく、はじめましての人に会う時とか、仕事相手の人と会う時も一緒です。「この子、ほかの子と何か違う」「何か持ってる」って思ってもらえれば、記憶に残せる。

日頃からなんでも考えるクセをつけると、意外と新しい視点が身につくんです。「なんで?」「どうして?」「あの人はなんであんなことを言うんだろう?」って疑問に思ったことを受け流さないで、自分の中で納得がいくまで質問をしたり、追究をしていると、これまでの自分の中にない答えが見つかったりする。

そうすると、「あなたはどう思う?」って聞かれた時に、「思考」の「引き出し」からこれまでにない答えを持ってくることができたりもします。

「自分がない」「自分探しをしたい」と悩む声をよく聞くのですが、「思考」を続けてそれを言語化してみると新しい自分が見えてくると思います。

誰かが夢中になっている未知の領域に
「熱狂」のヒントがある。

私は、誰かが夢中になっている「未知の領域」に足を踏み入れてみることが大事だと思っているんです。

前述の「宗教」もそうです。

宗教の説明のビデオを見せられている時も、「これは要するに何が言いたいんだろう」「何をしたくて私にビデオを見せているんだろう」「これにお金を払う人がいるって、どういう仕組みなんだろう」と、いろいろ考えました。

なぜ人はそれに惹《ひ》かれるのか、なぜそこにそんな大金を払うのか、そこに大きなヒントがあると思ったのです。

まるで視察のように、その宗教体験をしてきました。

ホストにハマる子もそう。なぜひと晩で何百万も貢《みつ》いでしまうほどハマったのか、どこにそんなに魅力があるのか、何が彼女をそこまでさせるのか。

だから、私は何かにハマっている人を見ると、「私もそこに連れてってよ！」ってお願いをして観察するんです。

ホストクラブにも行ってみましたが、正直つまらなかったです（笑）。

ホストは、プライベートの時間を使ったり使わなかったりのバランスがうまくて、お客さんの女の子同士のライバル意識や競争意識をあおってお金を落とさせるようにしていいるんだなっていうのはわかりました。

でもそういうのが、うれしい女の子とウザいと思う女の子がいて、私はウザいと思うほうの女ですが、うれしいと思う女の子を相手にすれば、良くも悪くも商売になる。

あとは、フェイクレザーパンツを穿《は》き、目出しマスクをかぶったプロレスラーのような男たちが、「蹴られたい」という目的で集まった謎な会にも行きました（笑）。蹴られている人を見ているだけでしたが。

「空気を読む力」
があるから
「空気を壊せる」。

　私が社会に出て、人間関係や恋愛関係でも、仕事においても、いちばん大事だと思ったのは「空気を読む力」。

　それは、空気を読んで周囲と同調するという力ではなく、空気を読んだうえで、自分の意見をあえて言えるかどうか、ということ。

　空気が読めれば、まず「王道」がどこかがわかる。王道がわかれば、あえて外すことができるんです。「空気が読めない」言動ではなく、「あえて空気を読まない」言動ができる。

　空気を読めない人が常に読まない行動をするのと、空気を読める人があえて空気を外すのは全然違くて、空気が読めるからこそ、あえて良い波風を立てることができるんです。


「空気を読む力」ってたくさんの経験があってこそ身につくのかもしれませんが、私の場合、一切ビビらずに、人が傷つくことでさえも言いまくってきたので、「これを言ったら人はこういう反応をする」というデータが自然と蓄積《ちくせき》されてきたんだと思います。そうやって、「空気を読む力」の材料になっていったのかなって。決して平和的なやり方ではないので、おすすめできませんが（笑）。

当時は、空気を読むことなんて一切できなかったし、周りがどう思うかという想像力が欠如《けつじょ》していたから、親戚の大人たちからも「生意気な子」って言われました。今思えば、乱暴なやり方だったと思いますが、そうやってでしか、自分の言動に対する周囲の反応のサンプルを得る方法がなかった。

人に不快な思いをさせると、無難《ぶなん》に（笑）仲間に入れなくなる、周囲から明らかに「おまえ、ウザい」っていう態度をされたりする経験は、私にとっては必要な経験だったなと、今になっては思います。

だからこそ、今は、空気を読んだうえであえて問題を提起する力になっていったのかな、って思うんです。

簡単になじまない、
多数派に迎合《げいごう》しないからこそ、
魅力があるんだよ。

とはいえ、瞬時にその場の空気を読んでなじむことは高度なスキルです。

そもそも最初から空気を読みまくって、存在感丸出しでいくのも、周囲からはよく思われないこともあります。

「できあがったグループに入るのが苦手なんです」という悩みもよく聞くのですが、無理してなじむ必要もないのかなって、私は思うんです。

社交的で中心的人物になれるタイプの人は人気者になりやすいですが、一方で、簡単に人になじまないタイプの人も魅力的。

多数派に迎合できないからこそ、飛び抜けることだってできる。

私は後者のタイプの人間で、簡単になじまないところが自分のいいところだと思っています。

会いたいと思われる人になりたいから、
会えない人になる。

私は「ファン」をつくりたいんじゃなくて「信者」をつくりたいと前述しましたが、もちろん、いろんな人に「あおちゃんぺに会いたいな」って思ってもらいたい。

「いつかあおちゃんぺに会うことが私の夢です」ってDMをいただくこともあるのですが、そう言ってもらえると本当にうれしいです。

私が「会いたいな」と思う憧れの人の定義は、「会えない人」なんです。

その辺のごはん屋さんやクラブなどですぐに会える芸能人には、たとえそれまで大好きな人だったとしても、興味が一気に失せてしまう。

私も「憧れられる人」に憧れているので、SNSで「どこどこに行きました！」とか「どこどこでごはんを食べました」とか、できるだけ詳細を投稿しないことにしています。

「本当に存在しているのかな?」「会ってみたいな」って思われていたいので、あまり目撃されないようにしているんです（笑）。

夢は諦めなければ破れない。
できるまでずっとやるだけ。

夢って、諦めるまでやめなければ破れるものじゃないと思っているんです。追い続けていれば可能性がずっとあるし、できるまでやり続ければ、破れるってことがないなって。

私は、小さい時からずっと夢のために生きてきて、夢があったから、やりたくないことも頑張れた。これが夢への最短ルートである、近道であると思えば、自分では「ダサいな」と思うことだってやれてきました。

「夢が破れた時の絶望が怖い」っていう声もあるのですが、もう挑戦し尽くしてこれ以上やることはないってスッキリするところまでやれたかどうか、なのかなって。

もう体ひとつでぶつかってもダメでした。もう武器も全部使い尽くして、それでもダメでした。じゃあ、もうこれは何をしたって絶対に無理だよねっていうところまでやったかどうか。そこまでいったら、すべてやり尽くしてももうこれ以上手がないということがわかるまでやったんだから、むしろ「できないということがわかった」スッキリ感があると思うんです。

でも、絶望のような、何か感情が残るということは、何かやり切れていないのに諦めてしまったからなんじゃないかなって思うので、そんな感情が残らないくらいやったかどうかを自分に問うてみたらいいんじゃないかなって思います。

「夢が見つからない」「どうしたら夢って見つかるの?」っていう人もいます。

でも、そもそもそんな程度の夢なら見つける必要ないって思います。

無理やり見つけた夢に、人生のすべてをベットできる人っていないと思うんです。

理屈とかじゃなくて、「なりたいからなりたい。理由なんて何もない」っていうくらいの気持ちがないと、自分の人生をかけられないと思うから、自然発生的に「なりたい」「やりたい」っていう気持ちが生まれるのを待っていてもいいんじゃないかなと思います。

「不幸」なことがなければ「超幸せ」。

「運がいい人」って、たとえば、道でつまずいて転びそうになった時に、「ラッキー！　こけそうでこけなかった。今日めっちゃ体幹《たいかん》いい！」って思える人。

逆に「運が悪い人」って、同じ状況の時に、「うわ、今日最悪。ツイてない。お気に入りの靴なのに汚れちゃったじゃん……」って思っちゃう人。

「幸せな人」も同様で、「今日あったかい。ニット一枚で外に出られるの超ラッキーじゃん♡」って思えばそれは幸せ。

そうやって日々日々の小さなことを幸せって捉えられたら、本当に幸せ。


でも、もっと言えば、不幸じゃなければ幸せなんだろうなとも思うんです。

この水道からきれいな水が出てくるとか、めっちゃ幸せ。

朝、布団の中で目が覚めるだけで、ほんと幸せ。

おいしいものが食べられるだけで、なんて幸せ。

そういうことを幸せだと思えない環境にいると、幸せ感度が下がってしまうんだと思います。


私も日々そういう幸せは感じています。

一方で、私は何かを成し遂げようという気持ちも強い、完璧主義者。

完璧以外は失敗だと思っているので、「何かを成し遂げられた！」ということを実感する「幸せ」はなかなか手に入りません（笑）。

成功しても「もっと上がある」と思っているから、人並みの成功にたどり着いても「幸せを手に入れた！」と思うことが少ない。

そういう意味では贅沢《ぜいたく》なんだと思います。

１００％の幸せをつかんでも、それが99・９％になった途端に「あー、もういらない」ってなっちゃう。そして次の「新品の幸せ」を得るために、さらに高みを望んで努力する。

その過程も楽しい。

日々の何気ない幸せを感じながら、努力しなければ得られない幸せもつかみにいく。

せっかくもらえた人生なのだから、幸せに貪欲《どんよく》に生きていたいんです。

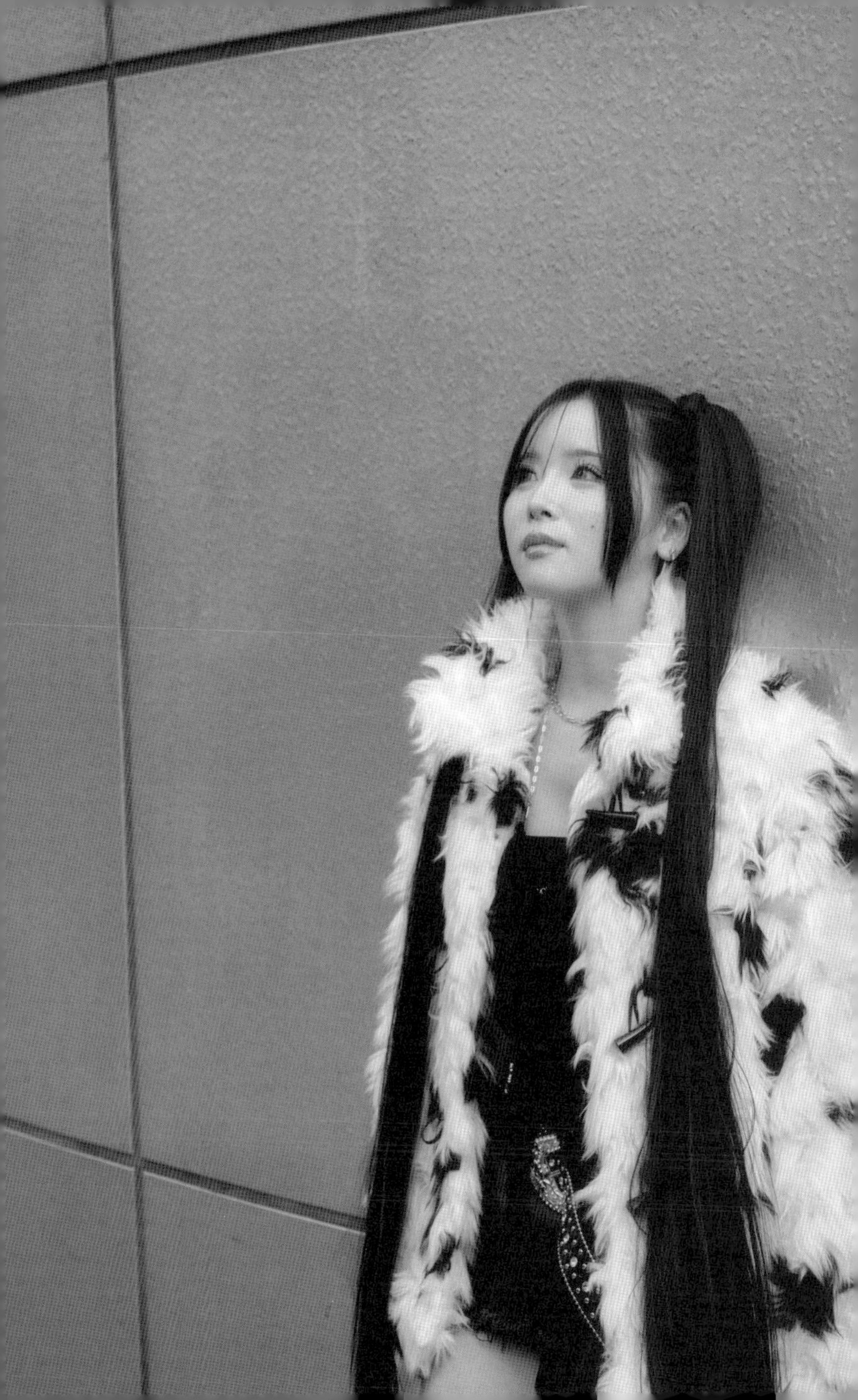

心の持ち方で
人生は大きく変わる。

同じ道を歩いていても、良いことがあった日の帰り道はいつもより短く感じたり、笑顔の人が目に付いたりするけど、嫌なことがあった日の帰り道はいつもより長く感じたり、誰かの笑い声に妙にイラついたり……。目の前には同じ現象が起きているのに、自分の心持ちで見え方が違ってきます。

同じ人生でも、ポジティブに生きるのと、ネガティブに生きるのとでは、まったく結果が異なるって、私は思うんです。

嫌なことがあってどうしてもポジティブになれなかったとしても、ネガティブになる時間があるなら、目の前にあるやるべきことをやったほうが、よっぽどいい未来が待っている。

前述した「うさぎはカメを見ていた、カメはゴールを見ていた」という言葉どおり、人と比べて自分はあーだこーだと落ち込んでいると、目的地に着くのが遅くなったり、到着することすらできなかったり……。

知らない誰かの言葉に振り回されることなく、ただひたすら前だけを向いて、目的に向かってポジティブに進めば、諦めない限り必ず良い結果になる。私はそう信じて、これからもスーパーポジティブに突き進んでいこうと思っています。

おわりに

最後までお付き合いいただき、ありがとうございました。

これまで、いろんな人たちから「どうしてあおちゃんぺはそんなに強いの？」「どうしたらそんなふうに生きられるの？」って聞かれることがたくさんあり、少しでもそのアンサーになればと思って、この本をつくりました。

もちろん、私にとって「正解」と思っていることが、あなたにとって「正解」なわけではありません。本書を読んで、「自分はどうしたいんだろう」と考えるヒントになったり、少しでも気持ちが軽くなってもらえる人がいたら……と願って書きました。

本書の制作過程は、自分のルーツを振り返り、自分と向き合う濃い時間になりました。撮影のために地元に行き、幼い頃に歩いた道、暗くなるまで遊んでいた公園、通っていた保育園にも行きました。

ここまでの人生は、控えめに見積もっても波瀾万丈《はらんばんじょう》だったなと思うし、これからもきっといろいろある人生なんだろうなと思います。

でも、これまで卑屈になることだけは一度もありませんでしたし、これからもありません。

どんなハードルが目の前に立ちはだかっても、「あ、そういう感じできたのね」って乗り越えていく。それすらも楽しんでいく。

自分の人生なんだから、誰になんて言われても、責任を持って。

他人の雑音に振り回されることなく、世間と意見が違っても空気に流されることなく、嫌なことがあっても翌日にはケロッとして、ポジティブに、ご機嫌に生きていく。

そんな「ギャルマインド」が、あなたの人生をハッピーにするヒントになれば、私もうれしいです。

２０２５年１月吉日

あおちゃんぺ

あおちゃんぺ

山梨県出身。タレント。

日本一大きなギャルサーに所属し、リーダーを任される。その後、さまざまなメディアに出演し、現在はコメンテーターとしても活躍中。歯に衣着せぬ発言や鋭い私見が注目を浴び、「ギャル」のイメージを変える。同じ境遇の人の役に立ちたいという思いから、上級心理カウンセラー、JADP 認定メンタル心理カウンセラーの資格を取得。

ABEMA「ABEMA Prime」にレギュラーで出演中。

X：@aochanp
Instagram：aochanp

衣装協力：HANA SHOWROOM、Kashiko、CRANK、QOOZA、Never mind the XU TOKYO

卑屈《ひくつ》になるのは死《し》んでからでよくない？
ギャルマインド最強論《さいきょうろん》

2025 年 3 月10 日　第 1 刷発行

著　者　　あおちゃんぺ

発行者　　佐藤 靖
発行所　　大和《だいわ》書房
　　　　　東京都文京区関口 1-33-4
　　　　　電話 03(3203)4511

アートディレクション　宮崎謙司（lil.inc）
デザイン　高橋正志　長谷川弘仁　成瀬晴康（lil.inc）
撮影　猪原悠
スタイリング　那須絵里香
ヘアメイク　Ami Takeda
協力　サンミュージックプロダクション
編集　滝澤和恵（大和書房）

本文印刷　光邦
カバー印刷　歩プロセス
製本　ナショナル製本

ISBN978-4-479-39444-0

https://www.daiwashobo.co.jp